PROCRASTINACIÓN

VENCE LAS GANAS DE NO HACER NADA

PROCRASTINACIÓN
VENCE LAS GANAS DE NO HACER NADA

RICARDO CALZA GONZÁLEZ

www.ricardocalza.es

Imágenes de portada:
Man under big leg his boss © ArtFamily - Fotolia.com.

Foto del autor:

CreateSpace Independent Publishing Platform
1ª edición (Octubre 2015); v25

ISBN-13: 978-1517763992
ISBN-10: 1517763991

ÍNDICE

INTRODUCCIÓN

«Apresúrate; no te fíes de las horas venideras. El que
hoy no está dispuesto, menos lo estará mañana».
Ovidio

LO DEJO PARA MAÑANA

Quién no ha dicho alguna vez esta frase cuando se ha sentido sin ganas de empezar algo que había planificado hacer. Hay ocasiones en las que nos cuesta ponernos con algunas tareas, y preferimos dedicarnos a no hacer nada o a algo que no nos suponga ningún esfuerzo y que nos resulte pasivamente placentero antes que empezar lo que teníamos pensado hacer. Cuando cualquiera de nosotros se siente de esta manera, aplaza lo que iba a hacer y lo deja para un poco más tarde o para otro día. Lo deja «para mañana».

Es normal sentirse así de vez en cuando, a todos nos pasa. A veces, si podemos, no pasa nada por parar y, durante un tiempo, desconectar de todo un poco. Todos necesitamos tomarnos un descanso, y no siempre lo necesitamos porque estemos cansados, sino para liberarnos de esa constante presión de *«tengo que hacer esto»*, *«debo hacer aquello»*, etc. que tan a menudo parece querer imponernos el ritmo de vida moderno.

Pero el problema aparece (si no hubiera ningún problema yo no estaría escribiendo este libro y usted no estaría leyéndolo) cuando hay algo que queremos, debemos o necesitamos hacer y no somos capaces de empezar a hacerlo o nos cuesta mucho, hasta el punto de que lo aplazamos una y otra vez.

Cuando llega el momento de ponerse con una tarea de ese tipo, nos sentimos sin ganas, anticipamos el esfuerzo que creemos que nos va a suponer y buscamos cualquier excusa para posponerla para otro momento, prometiéndonos que cuando nos pongamos con ella lo haremos con redobladas energías.

Pero la realidad es que cuando llega ese otro momento una vez más nos volvemos a sentir incapaces de empezar y, otra vez, negociamos con nosotros mismos otro aplazamiento. Y así una y otra vez.

Nos cueste más o menos reconocerlo, en la vida de toda persona hay deseos y hay también responsabilidades, y tanto para conseguir unos como para cumplir con las otras son necesarias acciones, es decir, hacer ciertas cosas. Sin embargo, a veces no somos capaces de empezar a hacer esas cosas a pesar de que sabemos que supondrán, de algún modo, un beneficio para nosotros.

Por este motivo, tenemos un problema cuando la falta de ganas para empezar a hacer algo, o las ganas de no hacer nada, se convierte en un hábito, que se traduce en continuos aplazamientos de tareas deseadas o necesarias. Si a base de aplazamientos nos acostumbramos a posponer tareas, nuestros planes siempre acabarán desembocando en constantes negociaciones internas de última hora, del tipo *«hoy no lo hago, pero mañana empiezo antes y lo hago más tiempo»*, que solo servirán para generarnos ansiedad y frustración, cuando al día siguiente nos demos cuenta de que nos sigue costando empezar a hacer esas tareas y de que otra vez más tampoco somos capaces de cumplir con lo que habíamos planeado.

De esta manera, cualquier actividad o propósito como pueden ser trabajar, estudiar, practicar deporte, hacer una llamada importante, ir a algún sitio, cumplir un deseo… cualquier tarea que necesitemos o deseemos hacer es susceptible de terminar pasando a formar parte de una lista de cosas incumplidas o deseos no intentados, que nos produce una mezcla de decepción y frustración cada vez que un pensamiento culpable nos lleva a mirarla de reojo en nuestra mente.

Y aunque terminemos por hacer algunas de esas tareas (a menudo más por obligación que por voluntad propia), corremos el riesgo de que sean una fuente de malestar constante, porque seguimos sintiendo incomodidad a la hora de pensar en que tenemos que hacerlas, y nos ponemos con ellas porque no nos queda más remedio, en lugar de por razones constructivas y que sean resultado de una elección propia y consciente. Como consecuencia de esa actitud, las hacemos con muy pocas ganas, poniendo en juego muy poca de nuestra energía personal.

Sin pretender dramatizar, lo cierto es que esta actitud de *«no tengo ganas»*, *«me cuesta»*, cuando es generalizada, se acaba fácilmente convirtiendo en un hábito, que afecta a nuestra autoestima porque, de alguna forma, nos hace conscientes de que nuestra voluntad es frágil y de que hay tareas que «pueden» más que nosotros.

Con el paso del tiempo, por causa del peso acumulado de esas acciones postergadas continuamente, poco a poco nuestra personalidad empieza, en los momentos en los que debemos acometer una tarea, a inclinarse hacia actitudes como la inseguridad, la pereza, la falta de confianza y la pérdida de fe en uno mismo y en las propias posibilidades.

En esos momentos, sin saberlo, con cada decisión que tomamos de postergar una vez más una tarea empezamos a convertirnos en *procrastinadores*.

UNAS PALABRAS ANTES DE EMPEZAR

Por necesidad personal y por la estima que le tengo aun sin conocerle, querido lector, considero obligado dejar sentadas las bases del enfoque que adoptaré a la hora de tratar la procrastinación y enseñarle a vencerla.

Soy psicólogo, pero eso no quiere decir que me atraigan todos los temas que se tratan desde la psicología, ni que esté de acuerdo con todos los enfoques que se hacen sobre diferentes cuestiones.

Comparto, hasta cierto punto, esa corriente de opinión que defiende que a veces se etiquetan como problemáticas conductas que, en principio, no lo son, o que al menos no deberían ser calificadas como tales, y que, en ocasiones, parece existir cierta predisposición a crear artificialmente alteraciones y trastornos psicológicos, lo que causa que con demasiada facilidad se les cuelguen a las personas una especie de «etiquetas», que las califican en términos de *«buenas»* o *«malas»*, *«sanas»* o *«enfermas»* o *«con problemas»* o *«sin problemas»*.

Es por esto que antes de escribir un libro me aseguro de dos cosas: primero, de que el tema despierte en mí un, digamos, interés natural, es decir, que me sienta atraído por ese tema. Cumpliendo con este primer criterio tengo siempre la certeza de que lo que haga lo haré por interés propio y de que por lo tanto el mero hecho de hacerlo me supondrá una satisfacción personal, porque servirá para dar salida a una inquietud o curiosidad.

Lo segundo de lo que me aseguro es de que, tras investigar sobre ese tema, compruebe que hay algo debajo de la superficie, que no se trata de una etiqueta artificial y que realmente responde a una actitud o comportamiento posible de la personalidad humana que puede suponer un problema para algunas personas (entre ellas a menudo me encuentro yo mismo) y que la psicología dispone de los recursos adecuados para para proporcionar herramientas eficaces que permitan afrontar y solucionar ese problema.

En otras palabras, debo, de alguna manera, sentirme identificado con el tema, tanto a nivel personal como profesional.

Cuando cualquier tema cumple estos dos requisitos, sé qué tendré base suficiente para poder darle mi propio enfoque, porque tendré algo que decir sobre él, algo que aportar, lo que creo que es, al fin y al cabo, la condición imprescindible para decidir escribir un libro y acometer la tarea y el trabajo que supone.

La procrastinación cumplió esos dos criterios. Cierta mañana me encontraba en la biblioteca de la Facultad de Arquitectura Técnica de la Universidad de A Coruña documentándome para un libro (sí, ya sé que resulta extraño un psicólogo buscando material en una facultad de arquitectura) cuando, por casualidad, en una estantería vi un ejemplar del libro de Neil Fiore *«Hazlo ahora. Supera la procrastinación y saca provecho de tu tiempo»* (Fiore, 2011). He de reconocer que si el título hubiera sido *«Hazlo ahora. Saca provecho de tu tiempo»* no hubiera despertado mi curiosidad y habría continuado con mis asuntos. Pero estaba esa palabra tan bella, *procrastinación*. ¿Qué era eso? Hojeé brevemente el libro y me hice el propósito de volver sobre ese tema más adelante, cuando hubiera terminado algunos de los proyectos en los que estaba trabajando por aquel entonces.

Pasó el tiempo y llegó el momento de profundizar en el concepto de procrastinación. Me puse a investigar. Sí, me interesaba. Cumplía las dos condiciones.

Tras aquella primera atracción que experimenté en la Facultad de Arquitectura Técnica ante la belleza de la palabra, la procrastinación seguía despertando un interés natural en mí, porque respondía a una conducta (postergar tareas) a la que había recurrido muchas veces y contra la que tenía que luchar a menudo. Una vez que investigué más a fondo sobre ella, vi que podía hacer mi aportación al tema, dándole mi propio enfoque profesional.

Haciendo un fácil juego de palabras, descubrí que, aunque ya no me gustaba procrastinar, me gustaba la procrastinación.

PROCRASTINACIÓN

«Nunca tienes tiempo suficiente para hacer toda la
nada que quieres».
Bill Watterson

¿QUÉ ES LA PROCRASTINACIÓN?

La palabra procrastinar tiene su origen en el vocablo latino *procrastinare*. Esta palabra está compuesta por la preposición *pro*, que significa *«hacia delante»*, *«a favor de»*, y el adverbio de tiempo *cras*, que significa *«mañana»*. Es decir, el significado de procrastinación es *«dejar para mañana»*, *«posponer para el día siguiente»*.

Procrastinar es, entonces, diferir o aplazar una tarea que teníamos pensado realizar. Pero procrastinar implica algo más que un aplazamiento. Supone que una vez aplazada la tarea, en sustitución de ella, nos dediquemos a otra tarea que nos produzca placer y que no nos suponga ningún esfuerzo.

Básicamente, las personas postergamos el comienzo de una tarea porque anticipamos mentalmente la dificultad, la incomodidad o el sufrimiento que creemos que nos va a producir realizarla. Una vez aplazada esa tarea, queremos contrarrestar la ansiedad que pensar en hacerla nos produjo, así que solemos optar por dedicarnos a algo que nos resulte placentero y que no exija de nosotros el esfuerzo, el compromiso o el desgaste que anticipábamos para la primera tarea.

En resumen, procrastinar es aplazar una tarea o acción que habíamos planificado realizar porque sentimos ansiedad al prever que nos causará cierto grado de sufrimiento, y una vez aplazada esa tarea sustituirla por otra que pensamos que nos aportará placer.

Procrastinar contribuye a generar continuamente ansiedad en quien procrastina, porque si creemos que realizar una tarea nos causará sufrimiento, disgusto o incomodidad, cada vez que nos enfrentemos a la posibilidad de empezar esa tarea nos sentiremos ansiosos y, como consecuencia, la aplazaremos.

Recurrir a esta conducta frecuentemente hará que se acabe convirtiendo en un hábito, en una forma de respuesta habitual ante tareas que nos parecen difíciles o que nos resultan pesadas. Hábito que nos impedirá hacer cosas que en realidad deseamos hacer (queremos verlas hechas pero no hacerlas), o que, aunque no las deseemos exactamente, sí queremos la recompensa que hacerlas conllevará. La procrastinación, entendida como un hábito, no es un «lugar» donde quedarse. Es algo que debemos aprender a superar si no queremos que altere constantemente nuestros planes.

Además, como lo que posponemos se trata de algo que, de una u otra manera, *necesitamos*, *deseamos* o *debemos* realizar, al no haberlo hecho y ser conscientes de que teníamos que hacerlo, procrastinando seremos propensos a experimentar estados de ánimo negativos, como pueden ser ansiedad, frustración, culpa, remordimientos o preocupaciones recurrentes (pensamientos que vienen una y otra vez a nuestra mente y de los que no conseguimos librarnos al no llegar nunca a una solución definitiva sobre la situación que los provoca).

La anticipación del sufrimiento

Procrastinamos porque prevemos el sufrimiento que realizar una tarea nos producirá. Pero este «sufrimiento» que anticipamos no debe ser entendido en el sentido tradicional del término, asociándolo con un dolor físico de gran intensidad.

La palabra *sufrimiento*, en lo que a la procrastinación respecta, se refiere a que las personas percibimos que realizar una tarea nos producirá, a nivel físico, psicológico o a ambos, cierto nivel de esfuerzo, incomodidad o disgusto. Procrastinamos porque anticipamos que la tarea nos pondrá en una situación en la que no nos sentiremos confortables, sea por la razón que sea, o nos obligará a hacer cosas que no nos gustan, que no nos apetece hacer o que no sabemos hacer.

Este sufrimiento físico y/o psicológico puede tener diferentes intensidades, y cualquiera de ellas puede ser la razón que lleve a una persona a procrastinar ante la perspectiva de tener que realizar una tarea, bien sea porque crea que va a sentir la más leve incomodidad al hacerla, bien porque piensa que le causará disgusto o aversión, o bien porque piensa que le supondrá algún tipo de esfuerzo o sacrificio.

¿POR QUÉ MOTIVOS PROCRASTINAMOS?

Como hemos visto, procrastinamos no porque no tengamos ganas de hacer nada, como podría pensarse en un principio, sino porque anticipamos mentalmente el esfuerzo, el dolor, la inconveniencia o las molestias que creemos que nos va a causar realizar una determinada tarea. Por eso la posponemos, para evitar sufrir, y por eso también, como reacción, la solemos sustituir por otra tarea que nos aporte sensaciones de placer o relax.

Este es el principal motivo por el que cualquiera de nosotros procrastina, pero no es la causa que subyace tras la procrastinación. Aunque en una primera aproximación al tema podría parecer que tras la procrastinación solo hay pereza, comodidad o falta de disciplina, por ejemplo, pensar que esas son sus causas sería, cuanto menos, ingenuo.

Las personas somos complejas, y nuestras actitudes y comportamientos, por muy sencillos que parezcan a los ojos de otras personas, se explican por razones más elaboradas de lo que revela un análisis superficial y reduccionista del comportamiento humano.

Así pues, son muchas y muy variadas las diferentes razones por las que las personamos procrastinamos. A continuación señalaré algunas de ellas.

Miedo

Aunque pueda parecer extraño, tras la procrastinación se oculta muchas veces el miedo, y es un miedo que puede adoptar diferentes formas. Incluso es posible que a quien procrastine por esta razón le resulte sorprendente saberlo.

El miedo que se oculta tras la procrastinación no es solo el que resulta más fácil de reconocer, el miedo a experimentar algún tipo de sufrimiento al realizar una tarea. También se puede procrastinar, por ejemplo, por miedo a que lo que hagamos nos salga mal o a que no nos salga como queremos.

Hay personas que temen no conseguir algo que intenten, sea porque tienen inseguridad respecto a sus posibilidades, porque no confían en sus recursos a la hora de hacer algo, porque son unos perfeccionistas y si no pueden hacer algo completamente a su manera prefieren no hacerlo o porque nunca han experimentado la sensación de enfrentarse a conseguir algo a base de esfuerzo, y todo lo que eso implica, como afrontar derrotas, dudas, críticas, cansancio, equivocaciones, planificación, toma de decisiones o espera de la recompensa.

Por estas u otras razones parecidas, quienes sienten este tipo de miedo cuando se enfrentan a la posibilidad de hacer algo, incluso algo que desean, procrastinan, y llegada la hora aplazan lo que habían planeado realizar. Esto explicaría, en parte, por qué algunas personas aplazan deseos como ponerse en forma o abandonar un hábito perjudicial, como por ejemplo fumar.

Además de por miedo al fracaso, también se puede procrastinar por todo lo contrario, por miedo al éxito. A veces, ver con claridad que si se intenta algo se puede realmente conseguir provoca una reacción de *huida psicológica* que se convierte en una procrastinación crónica, debido a que se toma conciencia de que conseguirlo conllevará un tipo de vida nueva, con nuevas exigencias, nuevas presiones o nuevas responsabilidades (Fiore, 2011).

Es por esto que algunas personas aplazan constantemente intentar conseguir sus deseos. Hay personas que prefieren cortar de inicio toda posibilidad de que algo les salga bien y por eso aplazan decisiones o dejan pasar oportunidades, refugiándose en situaciones que les aporten un beneficio más inmediato y seguro. Aunque de esto hablaremos un poco más en profundidad en un próximo apartado.

Falta de confianza en nosotros mismos

A menudo, la procrastinación es un síntoma que revela falta de confianza en los recursos propios para afrontar una tarea. Como pensamos que no seremos capaces de llevarla a cabo, no nos atrevemos siquiera a intentarla, así que preferimos posponerla.

Quien procrastina por esta razón rara vez se para a pensar en que tal vez no haga algo porque le resulte difícil, sino que es posible que le resulte difícil porque no intenta hacerlo.

En cualquier caso, como consecuencia de esta falta de confianza, quienes procrastinan por este motivo no intentan las cosas, con lo que no aprenden de los errores que se cometen cuando se intenta algo, no perfeccionan sus destrezas y no aumentan su conocimiento sobre nuevas situaciones porque no se arriesgan a vivir nuevas experiencias, con lo que su inseguridad personal siempre sigue ahí y pasa a formar parte de un ciclo que se repite una y otra vez, en diferentes tipos de situaciones y que les lleva siempre a procrastinar ante tareas que no saben bien cómo afrontar.

Sentirse abrumado por la tarea

En ocasiones, preferimos aplazar algo porque nos sentimos abrumados por la inmensidad de la tarea que nos espera. Aunque tengamos claro lo que tenemos que hacer y sepamos cómo hacerlo, el tiempo que sabemos que tendremos que invertir nos parece demasiado y nos falta paciencia para repartir y dosificar nuestro esfuerzo y para esperar a conseguir los resultados.

Cuando pensamos que una tarea nos llevará demasiado tiempo, no ya solo en un mismo día, sino también cuando somos conscientes de que tendremos que dedicarnos a ella con mucha frecuencia, a veces decidimos procrastinar porque adelantamos la fatiga que creemos que sentiremos, pensando que no tenemos la paciencia y el aguante necesarios para dedicarnos durante tanto tiempo a hacer algo.

Pensar que hacer algo nos resta tiempo de ocio

La mayoría de nosotros pensamos a muy corto plazo y con muy poca perspectiva. Cuando nos enfrentamos a la posibilidad de tener que empezar a hacer algo, a menudo creemos que realizar esa tarea nos restará tiempo para dedicárselo a otras cosas que nos resultarían mucho más placenteras. Por eso, ante algunas tareas decidimos procrastinar y dedicarnos a otras actividades que nos aporten un placer inmediato.

Pero si nos paramos a pensarlo con detenimiento, resulta evidente algo que es objetivamente cierto, y es que en realidad tenemos tiempo para todo. Es nuestra visión reducida sobre el tiempo del que disponemos lo que nos impide tomar conciencia de esto.

Con frecuencia cuando nos enfrentamos a una tarea que nos causa cierto nivel de disgusto, pensamos que estaríamos mucho mejor dedicando ese tiempo a hacer otra cosa que nos guste más, y dejamos de lado el hecho de que muy probablemente ese mismo día, esa semana o incluso en el transcurso de toda nuestra vida, tendremos tiempo más que suficiente para dedicar a esa actividad placentera, hasta el punto de que es muy probable de que lleguemos incluso a cansarnos de realizarla.

Falta de motivación

Sin duda, la falta de motivación es una razón que subyace tras el hecho de que muchas personas procrastinen.

La falta de una motivación adecuada provoca que no seamos conscientes de las razones por las que es beneficioso para nosotros hacer algo, y lo que es también muy importante, es la causa de que no seamos capaces de mantener en el tiempo la actitud necesaria para dedicar nuestras energías a perseguir un objetivo de forma continuada.

Aunque en un principio nos sintamos motivados para hacer algo (por ejemplo, cuando decidimos empezar a hacer deporte regularmente), el que no conozcamos los mecanismos de la motivación humana, cómo funciona y cómo generarla, provoca que a menudo algunas de las decisiones que tomamos vayan perdiendo fuerza, y que con el paso del tiempo posterguemos cada vez con más frecuencia las tareas que conllevan, hasta el punto de que esas decisiones se acaban debilitando hasta llegar a desaparecer y caer en el olvido por culpa de los continuos aplazamientos.

Ideas preconcebidas acerca de la ejecución de cualquier tarea

Cuando nos disponemos a hacer algo, solemos tener una serie de ideas preconcebidas, de prejuicios, sobre cómo será el hecho de hacerlo. Así, casi todos anticipamos que una jornada de trabajo será más o menos tediosa, que una sesión de deporte será sufrida, que un encuentro con determinada persona será incómodo o que un viaje o un pequeño desplazamiento nos supondrán cierta dosis de cansancio o fatiga.

Estas ideas preconcebidas están basadas en situaciones vividas en el pasado y en el intercambio de experiencias con otras personas, por lo que en muchos casos responden a la realidad.

Sin embargo, en todos estos casos se nos olvida que siempre podemos tener un poco más de control sobre las cosas de lo que parece, evitando que nos resulten excesivamente incómodas o insoportables.

Estos que hemos visto, junto con otros, son algunos de los motivos por los que con más frecuencia las personas procrastinamos.

Sin duda, cada uno de nosotros, si dedica unos segundos a pensar en por qué pospuso o pospone habitualmente algunas tareas, verá su conducta y sus actitudes reflejadas en una o varias de las razones que acabo de señalar, y también sin duda alguna podrá señalar otros motivos de por qué decide procrastinar ante la perspectiva de tener que realizar una determinada tarea.

¿DE QUÉ FORMAS PROCRASTINAMOS?

Una vez que conocemos algunos de los motivos por los que procrastinamos, llega el momento de explicar cómo lo hacemos.

Las personas traducimos las causas que nos llevan a procrastinar (las que hemos citado en el capítulo anterior) en una serie de actitudes y comportamientos que son la expresión de la decisión de aplazar una tarea.

Algunas de esas actitudes y conductas en las que se traduce la procrastinación son las siguientes.

Excusas

A menudo nos damos a nosotros mismos y a los demás excusas para no hacer algo que queremos o debemos hacer. Estas excusas son de diferentes tipos y de lo más variado. Son una mezcla de medias verdades y autoengaños, y en realidad no se trata de razones que verdaderamente justifiquen la decisión de procrastinar, ya que no se sostendrían si nos molestáramos en someterlas a una reflexión más profunda.

Estas excusas están lejos de ser argumentos sólidos y razonados, sino que son producto de respuestas emocionales, que buscan querer evitar a toda costa una situación que anticipamos desagradable. Son simplemente excusas, que nos damos porque somos humanos y no solo pensamos y reflexionamos, sino que también sentimos y reaccionamos de forma básica ante miedos, ansiedades e inseguridades.

— «No tengo tiempo».
— «No sé hacerlo».
— «No vale la pena».
— «Es demasiado esfuerzo».
— «No lo necesito realmente».
— «No es lo que deseo».
— «No quiero».
— «Lo dejo para mañana».
— «No tengo paciencia».
— «No sirvo para eso».
— «No lo aguantaré».

Estas, y muchas otras, son solo algunas de las formas que pueden adoptar las excusas que nos damos para justificar nuestra decisión de procrastinar.

Dudas recurrentes

La probabilidad de procrastinar habitualmente ante una tarea aumenta cuando aparecen las dudas recurrentes.

Cuando estamos ante la posibilidad de comenzar a hacer algo que nos cuesta, expresamos nuestros miedos e inseguridades por medio de dudas, que nos hacen argumentar y contraargumentar mentalmente sobre los pros y los contras que presenta llevar a cabo la tarea que tenemos por delante.

Estas dudas no son vacilaciones puntuales y esporádicas, propias de la situación en sí, sino que están asociadas a la propia tarea. Una buena forma de darse cuenta de esto es pensar en ocasiones pasadas en las que estuvimos frente a la misma tarea ante la que hoy dudamos. Fácilmente recordaremos que otras veces ya tuvimos las mismas dudas y que recurrimos a las mismas argumentaciones mentales.

Estas dudas, recurrentes por lo repetitivas, son una de las mejores señales a las que podemos atender para reconocer que estamos ante una tarea que tenemos tendencia a aplazar.

Negociaciones internas

Como veremos en el próximo capítulo, el aplazamiento de una tarea está precedido por una serie de negociaciones con nosotros mismos, en donde una parte de nosotros trata de llegar a un acuerdo con otra parte también nuestra.

Al final de esas negociaciones solemos llegar a una especie de acuerdo, basado en concesiones para que ambas partes acepten el aplazamiento y no nos sintamos culpables después (*«hoy no empiezo, pero mañana me pongo antes»*).

Pequeños aplazamientos

Finalmente, las personas procrastinamos por medio de una conducta, y esa conducta consiste en el aplazamiento de algo que teníamos pensado hacer.

Pero a veces antes de decidir el aplazamiento definitivo realizamos pequeños aplazamientos que tienen como objetivo ganar tiempo, retrasando un poco el inicio de la tarea que tenemos que acometer.

Tomarse unos minutos de descanso justo cuando se ha empezado a hacer la tarea, pensar que se necesita algo para poder hacerla (comer algo, hablar antes con alguien, buscar ayuda o material de apoyo, cambiar de sitio) o esperar un tiempo para ver si se sienten más ganas de realizarla son algunos ejemplos de los pequeños aplazamientos que a veces preceden al aplazamiento definitivo, y que constituyen también síntomas ante los que deberíamos estar alerta si queremos aprender a evitar la procrastinación.

Como he señalado anteriormente, y volveré a hacerlo más adelante, el «peligro» que encierra la procrastinación, además del evidente al no realizar algo que deberíamos haber hecho, es el mismo que encierran tantas otras conductas que sirven para dar salida a la ansiedad: que se acabe convirtiendo en un hábito, en una forma de reaccionar ante la ansiedad y la tensión.

En el caso de la procrastinación, se da la particularidad de que la ansiedad y la tensión son autoinducidas, y no provocadas por circunstancias externas, ya que somos nosotros mismos quienes nos las generamos al pensar en el sufrimiento que creemos que nos supondrá realizar una determinada tarea.

A pesar de las breves pinceladas esbozadas en este capítulo para explicar cómo procrastinamos, estas no son más que etapas de un proceso, que empieza con tener que realizar una tarea y termina con su aplazamiento.

Para explicar de forma más completa cómo procrastinamos, lo mejor es encajar estas actitudes y comportamientos en un marco más amplio que nos ayudará a ver con mejor perspectiva cómo es *el ciclo de la procrastinación*.

EL CICLO DE LA PROCRASTINACIÓN

Procrastinar no es una decisión que se tome en el segundo inmediatamente anterior al momento en que tendríamos que ponernos a hacer una tarea, sino que es el resultado de un ciclo, en el que vamos pasando por diferentes etapas y cuyo recorrido nos lleva, inexorablemente, a decidir aplazar algo que íbamos a hacer.

Una vez que empezamos a recorrer ese ciclo aumentan cada vez más las probabilidades de que acabemos procrastinando, porque ir progresando por él va generando en nosotros un estado de ansiedad cada vez mayor, que en su momento máximo nos influye definitivamente para que tomemos la decisión de aplazar lo que teníamos pensado hacer, porque es la única salida que encontramos para liberarnos de la ansiedad que nos genera pensar en hacerlo.

El ciclo de la procrastinación debe verse como una *espiral* en la que vamos cumpliendo etapas a medida que caemos hacia su centro. Con cada etapa que pasamos, aumenta la ansiedad anticipatoria que sentimos al pensar en realizar una tarea.

Esta ansiedad nos la causamos nosotros mismos al pensar en el sufrimiento que nos producirá realizar la tarea. Que el momento de empezar esté cada vez más cerca a medida que vamos cayendo por la espiral no hace más que contribuir a aumentar la ansiedad que sentimos.

Según caemos por esa espiral y la ansiedad crece, se van limitando nuestras posibilidades de pensar con claridad y cada vez más solo vemos una única opción posible para liberarnos de la ansiedad: el aplazamiento de la tarea que habíamos previsto realizar.

Primera etapa: tarea

En la primera etapa del ciclo de la procrastinación nos enfrentamos a la perspectiva de tener que realizar una determinada tarea. «Tenemos» que realizarla por alguna de entre varias razones, bien sea por obligación, por necesidad o por deseo, pero sabemos que es necesario que la hagamos para poder conseguir un determinado objetivo que nos reportará alguna clase de beneficio.

Es decir, que de una manera u otra, queremos o debemos hacerla, por lo que no podemos librarnos de ella fácilmente.

Segunda etapa: anticipación del sufrimiento

En la segunda etapa, pensamos que realizar la tarea nos supondrá invertir cierta cantidad de tiempo, hacer un esfuerzo, pasar alguna incomodidad personal, enfrentarnos a alguna inseguridad... o sea, que para realizarla pensamos que tendremos que ponernos temporalmente en una situación en la que no nos sentiremos todo lo confortables que nos sentiríamos si no tuviéramos que hacerla.

Ante esta perspectiva, comenzamos a pensar en esa situación, recreándola mentalmente y anticipando el sufrimiento, más o menos intenso, que creemos que nos causará, por lo que empezamos a autogenerarnos ansiedad.

En este momento hemos avanzado ya hasta la segunda etapa del ciclo de la procrastinación, la anticipación del sufrimiento. Empezamos a caer por la espiral.

Tercera etapa: negociación

Una vez que hemos comenzado a sentir la ansiedad, nuestra mente, como haría ante cualquier otra potencial amenaza, empieza a buscar una solución para liberarse de ella (recordemos que la ansiedad no es solo un estado mental, sino que se manifiesta en sensaciones físicas varias y de distinta intensidad, como pueden ser sudoración, opresión en el pecho, respiración agitada, etc.).

En esa búsqueda de soluciones ante una tarea que percibimos como «dolorosa» y que se aproxima cada vez más en el tiempo, buscamos una salida, que a la vez que nos permita no padecer ese sufrimiento, también nos proporcione la tranquilidad de saber que en algún momento haremos la tarea que necesitamos realizar.

Por lo tanto, cuando nos encontramos en esta etapa tratamos de llegar a un acuerdo con nosotros mismos, negociando como si en lugar de ser un solo individuo fuéramos dos personas diferentes que negocian entre sí. Y esta negociación puede ser muy dura: nos ofrecemos a nosotros mismos cosas a cambio de aplazar la tarea, en forma de cesiones, promesas y sacrificios (*«no lo hago hoy, pero a cambio mañana le dedico más tiempo y empiezo antes», «si mañana no lo hago, renuncio a hacer esto otro»*).

Simplificando, podemos decir que esta negociación se da entre nuestra parte más racional (la que sabe que será beneficioso para nosotros hacer esa tarea y que en realidad no nos supondrá tanto esfuerzo como anticipamos) y nuestra parte emocional (la que quiere encontrar una solución para la ansiedad).

Pero esta negociación está marcada por la proximidad en el tiempo del momento en que deberíamos iniciar la tarea, por lo que a medida que argumentamos y contraargumentamos con nosotros mismos, el tiempo sigue transcurriendo inexorablemente y nos acerca cada vez más al momento de tener que empezarla.

En esos instantes, cada fracción de tiempo contribuye a que la ansiedad aumente, y a medida que aumenta es nuestra parte emocional la que toma más control sobre la negociación, porque percibe una amenaza cada vez mayor, relegando a nuestra parte racional a un papel secundario a la hora de encontrar una solución.

Cuarta etapa: decisión de aplazar

Cuando la ansiedad se encuentra en su pico más alto podemos llegar incluso a experimentar síntomas físicos de ansiedad. Según cuál sea la tarea y el sufrimiento que anticipemos, estos síntomas serán más o menos intensos.

Pero al fin y al cabo, en la mayoría de los casos se trata de una situación que depende de una decisión nuestra, así que lo normal es que la ansiedad que sintamos no sea excesiva (como lo sería en el caso de una situación que estuviera totalmente fuera de nuestro control).

Aun así, en esos momentos de máxima ansiedad, es muy probable que experimentemos algunos síntomas físicos, de los que incluso puede que no seamos del todo conscientes, como respiración agitada, sudoración o una leve opresión en el pecho, que aunque se nos pasen por alto son determinantes para que nuestra parte emocional diga: *«¡Basta!»*, se haga con el control de la negociación e imponga su voluntad a nuestra parte racional, influyéndonos para que tomemos la decisión de aplazar la tarea.

Quinta etapa: acuerdo

Una vez que la parte emocional impone su voluntad, rápidamente llegamos a un acuerdo con nosotros mismos, en el que nos decimos que haremos la tarea en otro momento. Aceptamos sin rechistar las condiciones del acuerdo y evitamos, deliberadamente, pensar que ese acuerdo es un autoengaño y que existe una alta probabilidad de que no lo cumplamos.

La presión ejercida por nuestra parte emocional ha hecho que se imponga a la parte racional. A esta última la hemos calmado con una serie de condiciones que nos permitan aplazar el inicio de la tarea a la vez que nos hagan creer que la acabaremos realizando a corto plazo. De esta manera, tratamos de evitar que surja un sentimiento de culpabilidad por no haber sido capaces de hacer algo que nosotros mismos habíamos planeado hacer.

Sexta etapa: relax

La ansiedad creciente que hemos ido experimentando a lo largo de nuestra caída por la espiral de la procrastinación, la hemos ido generando con nuestros pensamientos, al prever el sufrimiento que nos supondría realizar la tarea.

Por este motivo, en cuanto, por causa del aplazamiento que hemos acordado, esa previsión desaparece, la amenaza que la parte emocional quería combatir (la ansiedad) también desaparece, por lo que nuestra parte racional retoma progresivamente el control de nuestro comportamiento.

Para liberarnos de la ansiedad que aceleró nuestro organismo y nos indujo a decidir el aplazamiento, necesitamos hacer algo que nos resulte placentero y que nos cause sensaciones opuestas a las que experimentábamos ante la perspectiva de la tarea que debíamos realizar, así que nos asignamos una actividad placentera y que no nos suponga ni la más mínima incomodidad, para no alimentar en lo más mínimo la ansiedad que ya va desapareciendo rápidamente.

Este es el ciclo de la procrastinación. Una vez que empezamos a generarnos ansiedad, pasar por una etapa invariablemente lleva a la siguiente, y en la medida en que permitamos que la ansiedad aumente, poco será lo que podamos hacer para evitar que nuestra parte emocional asuma cada vez más control sobre nuestros pensamientos, ya que evitar la ansiedad es una respuesta emocional innata y por lo tanto común a todos nosotros.

Además, todos tenemos la tendencia a volver a repetir situaciones que nos causan placer, por lo que la última etapa, la de relax, contribuye a que esta respuesta de aplazamiento se acabe volviendo la normal cada vez que nos encontremos en la situación de realizar la tarea que hemos aplazado, y otro tipo de tareas que nos generen predicciones similares, ya que la actividad placentera funciona como una especie de refuerzo o recompensa a la decisión de aplazar.

Bajo el ciclo de la procrastinación subyace, en la medida en que lo repitamos una y otra vez, el peligro de que se acabe convirtiendo en nuestra respuesta habitual ante determinadas situaciones que nos provocan ansiedad anticipatoria.

Y una vez que se convierta en una forma de respuesta habitual, pasará a ser un hábito, por lo que aplazaremos continuamente todo tipo de tareas que creamos difíciles, inconvenientes o incómodas.

¿CÓMO PROCRASTINA USTED?

Ahora que sabe más acerca de la procrastinación y sobre por qué y cómo se produce, le aconsejo que dedique unos instantes a reflexionar de qué manera procrastina usted. Para eso, trate de recordar situaciones pasadas (y seguro que no muy lejanas) o preste atención a sus pensamientos y comportamientos la próxima vez que esté ante una tarea que se sienta tentado a posponer.

En la expresión de toda conducta hay variaciones entre las personas, por lo que nada mejor que analizarnos y observarnos a nosotros mismos, por medio de nuestras acciones y nuestros recuerdos, para conseguir un mayor autoconocimiento de cómo manifestamos esa conducta.

En su análisis plantéese cuestiones como:

— ¿Qué tipo de tareas suele aplazar?
— ¿Qué piensa sobre esas tareas para querer aplazarlas?
— ¿Cuáles son los síntomas por los que manifiesta ansiedad?
— ¿Cómo es la negociación interna que establece con usted?
— ¿A qué acuerdos suele llegar consigo mismo/a?
— ¿Suele cumplir esos acuerdos?
— ¿Qué sentimientos tiene cuando tras haber aplazado algo no cumple la promesa que se hizo de realizarlo una próxima vez?
— ¿A qué actividades placenteras suele recurrir después de haber aplazado una tarea?

Las respuestas a estas preguntas, y otras conclusiones a las que pueda llegar tras reflexionar sobre cómo procrastina, le darán una medida aproximada de cómo es su particular y personal ciclo de la procrastinación.

CONSECUENCIAS DE PROCRASTINAR

La principal y más evidente causa de procrastinar es, por supuesto, no haber hecho algo que debíamos o necesitábamos hacer y que nos reportaría algún tipo de beneficio personal.

Pero más allá de esta primera y elemental consecuencia hay otras, de otro tipo, que afectan directamente a nuestra salud psicológica. Procrastinar de forma habitual deja una serie de huellas o secuelas en nosotros, porque moldea nuestra personalidad al dar forma a actitudes y conductas.

Las consecuencias psicológicas de procrastinar serán de mayor intensidad en la medida en que adoptemos el aplazamiento como una forma de respuesta habitual ante situaciones o tareas que nos resultan desagradables o incómodas.

Las secuelas que deja el hábito de procrastinar aparecen cuando ya no sentimos la ansiedad anticipatoria frente a la tarea a realizar, cuando, mediante la actividad placentera que hemos realizado en sustitución de la tarea que teníamos planificada, nos hemos liberado de la tensión acumulada durante el ciclo de la procrastinación.

Algunas de las consecuencias psicológicas que produce la procrastinación son:

— **Sensación de frustración.** Al no haber hecho algo que teníamos pensado hacer, nos sentimos frustrados, porque nos damos cuenta de que no hemos obtenido la recompensa que se derivaba de realizar la tarea (por ejemplo, bienestar al hacer deporte o disponer de más tiempo si madrugábamos).

— **Ansiedad acumulada.** A medida que nos vamos acostumbrado a posponer continuamente una misma tarea, es mayor la probabilidad de que la ansiedad que sintamos en los momentos previos a tener que realizarla sea mayor, porque los aplazamientos continuos son señales de que es una tarea de la que no nos podemos librar y a la vez una muestra de que es algo que realmente nos cuesta hacer. Esta ansiedad acumulada, al ser mayor, aparecerá no solo en los momentos en los que estemos inmersos en el ciclo de la procrastinación, sino incluso después, cuando pensemos en que en algún momento del futuro próximo nos tendremos que enfrentar a la posibilidad real de hacer esa tarea.

— **Culpa.** A menudo nos sentiremos culpables por no haber sido capaces de realizar algo que habíamos previsto hacer. Este sentimiento de culpa afectará a nuestra autoestima y a nuestra seguridad personal, y será mayor y más intenso cada vez que añadamos un aplazamiento más a la misma tarea pendiente.

— **Inseguridad.** Al no ser capaces de vencer la procrastinación, no sentiremos seguridad en nuestros recursos personales, tanto para hacer frente a una tarea como para imponernos a lo que podemos llegar a considerar «debilidades» o «flaquezas» de nuestro carácter. En general, no nos veremos a nosotros mismos como personas de una gran fuerza de voluntad, y eso puede provocar que ante retos mayores que las tareas que habitualmente aplazamos nos sintamos inseguros e incapaces siquiera de intentar realizarlos.

SITUACIONES EN LAS QUE PROCRASTINAMOS

Sin lugar a dudas son innumerables los distintos tipos de situaciones o tareas ante las que cualquiera de nosotros puede acabar desarrollando el hábito de la procrastinación. Basta con pensar que una situación nos producirá cierto nivel de sufrimiento para que sea susceptible de que en algún momento empecemos a evitarla mediante aplazamientos.

Una vez que comienzan los aplazamientos, es solo cuestión de tiempo que acabemos sintiendo cada vez más ansiedad ante la perspectiva de esa situación, por lo que con facilidad desarrollaremos la procrastinación como un hábito, como una forma de evitar esa situación, máxime cuando cada vez que la evitamos nos recompensamos sustituyendo esa situación por otra que nos causa placer.

Por eso, sea cual sea la situación o tarea ante la que procrastinemos, todas tendrán en común que son situaciones que implican hacer «algo», que ese algo lo percibimos como un esfuerzo y que se trata de algo que queremos, necesitamos o debemos hacer, y que por lo tanto aunque lo aplacemos es más que probable que nos volvamos a encontrar ante esa misma situación en un período relativamente corto de tiempo.

Entre algunas de las situaciones ante las que la mayoría de las personas podemos procrastinar se encuentran:

— Trabajar.
— Estudiar.
— Hacer deporte.
— Realizar tareas domésticas.
— Buscar trabajo.
— Hacer trámites burocráticos.
— Ponerse a dieta.
— Abandonar un hábito.
— Aseo personal.
— Aprender algo nuevo.
— Realizar compras.
— Levantarse de cama.
— Mantener una conversación sobre algo importante.
— Llamar la atención a alguien por un comportamiento que no nos gusta.
— Tomar decisiones vitales (casarse, cambiar de trabajo, etc.).

Como se puede observar, cualquier tipo de tarea, deber o acción que preveamos que nos puede causar cierto grado de sufrimiento es susceptible de ser aplazado. Pero un aplazamiento en sí mismo no tiene por qué significar un problema.

Como decía al principio del libro, hay ocasiones en las que sencillamente no apetece hacer nada, y a veces no es por ningún motivo especial, sino para tomarnos un breve respiro del acelerado ritmo de vida que llevamos.

Un aplazamiento se convertirá en un problema cuando se acabe transformando en un hábito, cuando la perspectiva de realizar una determinada tarea nos produzca continuamente una ansiedad de la que no sabemos librarnos si no es aplazándola y cuando por causa de esos aplazamientos continuos se deriven problemas, dificultades o no seamos capaces de lograr un beneficio que deseamos.

En la medida en que aplazar tareas nos dificulte seguir el curso que hemos planificado para nuestra vida, sea diaria o en una concepción de tiempo más amplia, la procrastinación se convertirá en un problema que deberíamos pensar en solucionar.

LA PROCRASTINACIÓN COMO FORMA DE VIVIR

La última de las situaciones que hemos visto en el apartado anterior como ejemplo de situaciones en las que personas procrastinamos es *tomar decisiones vitales*.

Esto nos permite a ampliar la perspectiva que hemos utilizado hasta ahora al tratar el tema de la procrastinación. Para ello, hablaremos a continuación de cómo algunas personas procrastinan de manera que ese hábito acaba casi por convertirse en una forma de vivir y afrontar decisiones vitales.

Sin ánimo de entrar en consideraciones ajenas al terreno de la psicología, considero oportuno llamar la atención sobre ciertas formas de procrastinación. Si bien procrastinar se puede aplicar a tareas concretas y muy específicas, como ponerse a estudiar, levantarse de cama o acudir a una cita, los mecanismos del ciclo de la procrastinación también subyacen bajo las razones y la manera en la que las personas tomamos decisiones y organizamos el curso de nuestra vida.

En esas ocasiones, el ciclo de la procrastinación que hemos visto anteriormente no se da en un espacio de tiempo tan breve como ocurre en el caso de tareas concretas, pero se da igualmente, aunque las etapas están más espaciadas en el tiempo.

Si somos capaces de adoptar la perspectiva adecuada y mirar de una forma lo suficientemente amplia, no nos resultará difícil distinguir el ciclo de la procrastinación detrás de decisiones vitales que nosotros, y otras personas a nuestro alrededor, tenemos que enfrentar en el curso de nuestras vidas.

Así, podremos ver cómo escoger o desarrollar una determinada carrera profesional, mantener una relación de pareja estable, tener hijos o asumir responsabilidades y deberes de distinto tipo son a menudo postergados y sustituidos por tareas y aficiones que causan un placer inmediato y que no suponen ninguna de las supuestas incomodidades o sacrificios que algunas personas anticipan ante la perspectiva de esas situaciones vitales.

Es por esto que a cualquiera nos puede ocurrir que a pesar de tener cierto talento no intentemos desarrollarlo, que a pesar de tener el deseo de formar una familia no demos nunca el paso o que eludamos asumir otro tipo de situaciones o responsabilidades, sean individuales, familiares, laborales o sociales.

Posponer decisiones o etapas en cualquiera de esos terrenos, cuando es el resultado de una ansiedad anticipatoria autogenerada, determina el curso de nuestras vidas, y en su debido momento puede ser la fuente de un profundo malestar personal y frustración vital, que a su vez pueden terminar traduciéndose en otros tipos de conductas perjudiciales que, aunque placenteras, no sirven para satisfacer necesidades vitales más profundas e importantes para nuestro desarrollo íntegro como personas.

La manera de superar tanto estas barreras autoimpuestas en nuestro desarrollo personal como otras tareas más cotidianas que solemos aplazar es, por supuesto, aprender a vencer la procrastinación.

VENCER LA PROCRASTINACIÓN

«Vencerse a sí mismo es tan grande hazaña que solo
quien es grande puede atreverse a ejecutarla».
Pedro Calderón de la Barca

Una vez que hemos visto en qué consiste la procrastinación, vamos a tratar ahora sobre cómo podemos vencerla.

A pesar de que el lenguaje (*«vencer»*) transmite cierto sentido de lucha, mi pretensión no es en ningún momento empujarle a que trate de ser usted todo el tiempo una persona productiva, a que esté siempre haciendo cosas, a que se presione continuamente para trabajar, para hacer, para crear... No pretendo empujarle a aumentar su rendimiento porque no estamos hablando de una actividad profesional concreta; tampoco quiero imponerle una visión sobre el tema o tratar de crearle una necesidad para después darle el remedio. No busco nada de eso.

Como exponía al principio del libro, todos aplazamos tareas de vez en cuando, todos negociamos con nosotros mismos aplazamientos de cosas, haciendo concesiones sobre futuros planes a cambio de descansos en el presente. Eso es normal.

Sin embargo, como también apuntaba al comienzo del libro, creo que procrastinar empieza a convertirse en un problema cuando los continuos aplazamientos nos llevan una y otra vez a no hacer algo que habíamos previsto o a refugiarnos en la apatía y en el placer inmediato, momentáneo y pasivo como forma de huida para no hacer algo que queremos o que es nuestra responsabilidad hacer, pero que aplazamos porque nuestra disposición mental no nos proporciona energía suficiente para empezar con la tarea.

El placer que nos proporciona dedicarnos a una tarea placentera en lugar de hacer lo que queremos o debemos hacer encierra una trampa de la que a menudo muchas personas no son del todo conscientes: que somos nosotros mismos, y no otros, los que impedimos dar salida a nuestro potencial, al no hacer determinadas cosas o superar ciertas situaciones. Con cada decisión que tomamos de procrastinar, ponemos una barrera más a la persona que podríamos ser o nos gustaría ser.

En el futuro, cuando tomemos conciencia del paso del tiempo, nos lamentaremos de no haber dado salida a nuestras capacidades, de no haber intentado cumplir deseos y necesidades. Nos sentiremos frustrados de no haber sido todo lo que podíamos o de no haber hecho todo lo que éramos capaces.

Es por eso que procrastinar, como hábito, encierra un gran peligro. Y es también por eso mismo que el objetivo de este libro es enseñarle a vencer la procrastinación. Como le he dicho, la intención del libro no es enseñarle a ser más productivo, sino que quiere ayudarle a vencerse a usted mismo en los momentos en los que cae por la espiral de la procrastinación, para que tenga recursos suficientes que le faciliten hacer lo que quiere, lo que necesita o lo que sabe que debe hacer.

Una chispa de voluntad

Hay un requisito imprescindible para que cualquier persona pueda vencer la procrastinación: que quiera. No hay una fórmula mágica para vencer la procrastinación (ni para ninguna otra cosa) por lo que es necesario desearlo para ser capaces de hacer lo necesario para vencerla, ya que este tipo de hábitos se vencen adquiriendo conocimiento primero y recursos personales después, para así saber manejarlos de forma eficaz.

Como en tantas otras cosas, de nada servirán las explicaciones y los recursos, las herramientas en definitiva, si tras ellas no se esconde la voluntad de usarlas, la decisión tomada de querer mejorarse. No se trata de que use solo su voluntad para vencer a la procrastinación (si fuera así de sencillo este libro no sería necesario), sino de que use su voluntad para tomar la decisión de vencerla y llegado el momento adecuado aplique lo aprendido en la lectura del libro para echarla a un lado y continuar con lo que había previsto hacer.

Estrategias para vencer la procrastinación

A la hora de vencer la procrastinación le propondré tres estrategias diferentes.

La primera será la más concreta, directa, fácil de aplicar y la más efectiva. Las otras dos las veremos a un nivel más general, pero no por ello menos efectivo, ya que consisten, básicamente, en facilitarle información para que cambie la forma en la que piensa sobre las tareas y el esfuerzo. Pero a pesar de ese nivel general al que las abordaremos no debe dejar de valorar su importancia.

La primera estrategia está centrada en romper la espiral de la procrastinación. Por medio de ella conseguirá salirse de ese círculo vicioso cuya inercia le lleva a sentir un mayor nivel de ansiedad a medida que va pasando por cada una de sus etapas, para terminar, al fin, aplazando una tarea, como única opción posible para liberarse de esa ansiedad.

La segunda forma de intervención que utilizaremos está dirigida a cambiar las actitudes que la mayoría de las personas tiene hacia la realización de casi cualquier tipo de tareas (excepto las placenteras). Como explicaremos, las conductas (en este caso procrastinar) son el resultado de actitudes, y las actitudes son el resultado de pensamientos, de ideas y de juicios preconcebidos. La serie de consejos que aquí verá le ayudarán a cambiar sus ideas y juicios sobre las tareas y los aplazamientos, con lo que sus actitudes, y por lo tanto sus comportamientos, también cambiarán.

La tercera forma de intervención será a un nivel más amplio todavía. Trataremos sobre capacidades psicológicas y destrezas personales que todos tenemos pero que no solemos usar eficazmente, como la capacidad para automotivarnos, la capacidad de atención y la habilidad para administrar el tiempo. Saber utilizar solo un poco mejor estas capacidades contribuirá a que disponga de más opciones que el aplazamiento a la hora de evitar la ansiedad que le produce pensar en empezar una determinada tarea.

PRIMERA ESTRATEGIA: ROMPER LA ESPIRAL DE LA PROCRASTINACIÓN

«Claro que hay que romper las barreras, pero ¿con qué ariete?»
Rosa Chacel

Esta primera estrategia para vencer la procrastinación es, de las tres que vamos a ver, la más puramente psicológica, en el sentido que es específica para este hábito.

Consiste en, utilizando el conocimiento que ya tenemos sobre cómo funciona la espiral de la procrastinación, romper ese ciclo en los momentos en que menos esfuerzo nos cueste, que será cuando la ansiedad se encuentre en sus niveles más bajos.

Como vimos en el capítulo en el que hablamos sobre el ciclo de la procrastinación, este se puede ver como una espiral por la que vamos cayendo debido a los pensamientos que tenemos sobre la tarea que debemos realizar. Pensamos en el sufrimiento que creemos que hacer esa tarea nos va a suponer y con esos pensamientos negativos nos vamos autogenerando cada vez mayores niveles de ansiedad.

A medida que la ansiedad va aumentando, nuestra parte racional y nuestra parte emocional establecen una negociación para terminar con la angustia. Pero como la ansiedad es cada vez más alta, la parte emocional (que es la encargada de vigilar posibles amenazas para nosotros), toma el control y, para evitar que la ansiedad siga aumentando, se impone a la parte racional: es en ese momento cuando tomamos la decisión de aplazar la tarea.

Una vez tomada esa decisión, la parte racional, para evitar potenciales pensamientos de culpa y frustración, acuerda que, más adelante, en un corto plazo de tiempo, nos pondremos con esa tarea y que trataremos de hacerla mejor, con más intensidad o durante más tiempo.

Por supuesto, este acuerdo se trata en la mayoría de los casos de un autoengaño, puesto que cuando llega el momento volvemos a procrastinar de nuevo, o si no nos queda más remedio que ponernos con la tarea, la hacemos a disgusto.

Este es el ciclo de la procrastinación. Bien, pues nuestra primera estrategia, como le decía, consistirá en romperlo, en salirnos de él. Para conseguirlo debemos seguir estos pasos:

1.- Reconocer la espiral de la procrastinación.
2.- Tomar la iniciativa y parar los pensamientos que nos generan la ansiedad anticipatoria.
3.- Disminuir la ansiedad.
4.- No recompensar el aplazamiento.

Romper la espiral de la procrastinación no exigirá de nosotros ni inversión de tiempo adicional ni entrenamiento previo, tan solo esa pequeña chispa de voluntad de la que le hablaba en el capítulo anterior, producto de realmente querer vencer la procrastinación.

Para romper ese ciclo necesitaremos de un pequeño impulso personal, de un gramo de voluntad. No será tanta como la que utilizamos habitualmente para luchar contra la procrastinación (y que no nos suele dar buen resultado), pero aunque sea de menor intensidad, será más eficaz, porque la utilizaremos en los momentos adecuados, de manera que seamos capaces de romper la inercia que nos contagia caer por la espiral de la procrastinación. Eso es lo que marcará la diferencia.

1.– Reconocer cuando estamos entrando en la espiral de la procrastinación

En esta primera fase debemos tener claro cómo funciona la espiral de la procrastinación, para reconocer en qué etapa nos encontramos en cada momento.

Hemos visto ya este ciclo un par de veces, por lo que lo resumiré ahora de forma esquemática:

1.- Afrontamos una tarea.
2.- Anticipamos el sufrimiento por medio de pensamientos.
3.- Aparece la ansiedad.
4.- Empezamos a negociar con nosotros mismos.
5.- Aumenta la ansiedad.
6.- Tomamos la decisión de procrastinar.
7.- Acordamos no procrastinar la próxima vez.
8.- Nos dedicamos a una actividad placentera para disminuir la ansiedad.

Para reconocer cuando estamos entrando en la espiral de la procrastinación es necesario que tengamos presentes estas etapas.

Desde el momento en que estemos ante la perspectiva de empezar una tarea que creemos que nos causará cierta incomodidad, debemos estar alerta ante dos aspectos fundamentales:

1.- Nuestros pensamientos.
2.- Nuestro nivel de ansiedad.

Los pensamientos con los que empezamos a anticipar el sufrimiento que nos causará realizar la tarea son la primera señal de que nos adentramos en la espiral.

Una vez dentro de ella pronto comenzará a hacer su aparición la ansiedad, que propiciará que tengamos más pensamientos del mismo tipo, lo que a su vez provocará que sintamos más ansiedad.

Saber reconocer cualquiera de estos dos factores le permitirá tener más control sobre su voluntad y no caer libremente por la espiral de la procrastinación.

2.– No abundar en los pensamientos que nos provocan ansiedad anticipatoria

Una vez que nos damos cuenta de que estamos empezando a tener pensamientos negativos hacia la tarea que tenemos que realizar, se nos presenta la primera oportunidad de romper la espiral de la procrastinación.

Si el comienzo de esa tarea depende de nosotros, lo más adecuado será que utilicemos esa chispa de voluntad que le decía al principio de este capítulo para impulsarnos a empezar ya, porque cuanto más esperemos, más caeremos por la espiral de la procrastinación y consecuentemente más pensamientos negativos tendremos y más nos acercaremos a la siguiente etapa, en la que aparecerá la ansiedad.

Decidirse a empezar en ese momento, y empezar realmente, le costará mucho menos esfuerzo que unos minutos más tarde, cuando la ansiedad ya haya hecho su aparición y su parte emocional comience a tratar de combatirla tomando el control de sus decisiones.

En caso de que no pueda empezar en ese momento, debido a que la tarea tiene una hora de inicio concreta o por otras razones, trate de no alimentar los pensamientos negativos. Para ello:

— Haga algo para distraerse. Las acciones centran nuestra atención, no quedando atención disponible para distraernos con pensamientos que no tengan que ver con lo que estamos haciendo, así que trate de recurrir a alguna acción sencilla (andar, ordenar cosas, jugar a un pasatiempo, hablar con alguien, recordar una situación, leer) que detenga la aparición de pensamientos negativos.

3.– Disminuir la ansiedad: relajación

Esta segunda forma de romper el ciclo de la procrastinación es para el caso de que se encuentre en la etapa en la que los pensamientos negativos ya han provocado que aparezca la ansiedad.

En esos momentos, acostúmbrese a reconocer cuáles son los síntomas a través de los que manifiesta la ansiedad (opresión en el pecho, sudoración, pequeños temblores, nerviosismo, etc.).

La ansiedad supone (se den o no síntomas como los arriba descritos) cierto nivel de activación fisiológica, así que lo más adecuado para combatirla es activar el organismo en otro sentido. A veces, algo tan sencillo como beber un poco de agua sirve para que las funciones metabólicas se activen mínimamente y contrarresten la activación fisiológica que produce la ansiedad.

En cualquier caso, ya que se trata de darle una técnica psicológica, lo más adecuado que puede hacer en esta etapa para disminuir la ansiedad es desactivar el organismo, y la mejor forma de hacerlo es relajándose.

Para relajar el organismo existen varias técnicas, pero le propondré la más sencilla, ya que procrastinamos ante tareas muy sencillas y no hay por qué proponer otras soluciones más complejas y que requieren más tiempo y entrenamiento.

La relajación que debe usar para relajarse y disminuir la ansiedad es la relajación con respiración.

Para relajarse:

— Aspire profundamente aire por la nariz, llenando los pulmones y notando como sube el diafragma. Mantenga el aire en sus pulmones dos o tres segundos, y después comience a exhalarlo despacio por la boca, a la vez que se centra en cómo se relajan los diferentes músculos de su cuerpo. Céntrese en la sensación de relax que siente.

Repítalo cuatro o cinco veces hasta que note como disminuyen o desparecen los síntomas de la ansiedad, y siga utilizándolo cada vez que note que vuelve a sentir un estado de ansiedad.

4.– No realizar la actividad placentera

Si a pesar de todo, sea por los motivos que sean, finalmente ha aplazado la tarea que debía realizar, es importante que no se dé por vencido. Está intentando poner fin a un hábito, así que tiene en su contra la costumbre y unas formas de pensar y actuar que ha utilizado durante mucho tiempo.

Aunque haya aplazado la tarea, aún hay cosas que puede hacer. La guerra es contra el hábito, así que perder una batalla, aunque importante, no tiene por qué ser definitivo.

Conociendo como conoce ya las distintas etapas de la procrastinación, sabe que una vez realizado el aplazamiento la ansiedad que se ha autogenerado comienza a desparecer, y que su mente intentará que se dedique a una actividad placentera para contribuir a que esa ansiedad desaparezca más rápidamente.

En este punto es donde aún tiene control para combatir el hábito de procrastinar. Un hábito se adquiere a base de muchas veces de actuar de la misma forma y, a menudo, por refuerzos psicológicos o físicos.

En el caso de la procrastinación, la actividad placentera funciona a modo de refuerzo, porque permite disminuir la ansiedad y la tensión que los pensamientos negativos y la proximidad del sufrimiento le causaron. Actúa como una recompensa a la decisión de procrastinar, por lo que la refuerza. Y un refuerzo aumenta la probabilidad de que una conducta se vuelva a repetir.

Así que, si ha llegado hasta esta etapa, utilice esa porción de voluntad de la que antes hablábamos para obligarse a no realizar la actividad placentera. No tiene por qué castigarse, pero no debe recompensarse.

Tenga en cuenta que a estas alturas la ansiedad estará desapareciendo rápidamente y su parte emocional vuelve a dejar de nuevo el control de su voluntad y su mente en manos de su parte más racional, por lo que le resultará relativamente sencillo renunciar a la actividad placentera. Al no haber ansiedad que le presione, no tendrá que hacer un gran esfuerzo de voluntad para renunciar a ella. De esta forma, no reforzará la conducta de procrastinar y contribuirá a disminuir la probabilidad de volver a repetirla.

SEGUNDA ESTRATEGIA: NORMAS PARA LUCHAR CONTRA LA PROCRASTINACIÓN

«No hay cosa más fácil que dar consejo ni más difícil
que saberlo tomar».
Lope de Vega

Nuestra principal y más directa estrategia para vencer la procrastinación se ha basado en cambiar nuestra conducta en determinados momentos, de forma que rompamos la espiral que nos lleva a autogenerarnos ansiedad anticipatoria o, en último caso, que no reforcemos el hábito de procrastinar mediante la realización de una actividad placentera.

Esta es una de las maneras posibles de cambiar un comportamiento, sea del tipo que sea. Otra forma de cambiar una conducta es mediante la modificación de las actitudes que la soportan.

Toda conducta es el resultado de una actitud. En una situación cualquiera, nos comportamos de una determinada manera porque tenemos una determinada actitud hacia esa situación (en el caso de la procrastinación, realizamos aplazamientos de una tarea porque tenemos una determinada actitud hacia ella, que es de rechazo por pensar que nos causará algún tipo de sufrimiento). Pero si una conducta es el resultado de una actitud, otra manera de cambiar esa conducta es cambiar las actitudes que la hacen posible.

Formamos actitudes en base a unas creencias. Por ejemplo, anticiparemos que una tarea nos causará sufrimiento si creemos cosas del tipo:

— «*Le tendré que dedicar mucho tiempo*».

— «*Me quitará tiempo para divertirme*».

— «*Me cansará*».

— «*No me gusta*».

— «*No sé hacerla*».

— «*No sacaré ningún beneficio*».

— «*Preferiría estar haciendo algo más agradable*».

Por eso, la mejor forma de cambiar las actitudes que nos llevan a procrastinar es cambiar las creencias que tenemos sobre las tareas que vamos a hacer. Y para cambiar nuestras creencias sobre algo necesitamos tener más información sobre ese algo, es decir educarnos.

Es por este motivo que a continuación le expondré una serie de consejos generales que servirán para que cambie sus pensamientos respecto a las tareas que le llevan a procrastinar, de forma que esos consejos le sirvan para tener una información más objetiva sobre lo que supone realizar cualquier tipo de tarea, y que por lo tanto le hagan cambiar sus actitudes.

Con más información educará su mente y cambiará sus pensamientos, lo que llevará a que se dé una modificación de sus actitudes, en este caso hacia las tareas en las que procrastina. Esto servirá para que cuando enfrente tareas ante las cuales antes procrastinaba tenga unas actitudes diferentes hacia ellas, con lo que no anticipará que le supondrán un nivel tan alto de sufrimiento y no sentirá ansiedad ante la perspectiva de tener que realizarlas. De esta forma, evitará entrar en la espiral de la procrastinación.

CATORCE CONSEJOS PARA LUCHAR CONTRA LA PROCRASTINACIÓN

1.– Detecte los pensamientos negativos

Identifique cuáles son los pensamientos negativos sobre la tarea que le llevan a elegir procrastinar cuando se enfrenta a la posibilidad de realizarla. Cuando detecte esos pensamientos es muy probable que se dé cuenta de algo sorprendente: que a menudo el mayor saboteador de sus planes y deseos, quien hace que no consiga las cosas que quiere, es usted mismo.

A menudo las personas pensamos que nuestro mejor amigo somos nosotros mismos, y eso es algo que, en muchas ocasiones, no es cierto. Claro que lo somos, en el sentido de que siempre somos la persona en la que nos podemos apoyar o la que siempre está ahí para escucharnos, pero a la vez somos también nuestros peores enemigos, porque con frecuencia nuestros pensamientos y actitudes negativas contribuyen a que experimentemos estados de ánimo negativos, que nos llevan a dejar de hacer cosas.

2.– Establezca su propio ritmo

En la medida en que pueda, establezca su propio ritmo a la hora de realizar una tarea. Soy consciente de que esto no siempre es posible, ya que en ocasiones las tareas por las que procrastinamos son, por ejemplo, parte del trabajo con el que nos ganamos la vida, y es mucha la gente que trabaja en empleos que no les motivan y no les gustan lo suficiente.

Sin embargo, aun en situaciones de ese tipo existe margen para establecer el ritmo propio, dentro de los límites que nos puede marcar la disciplina laboral. Siempre hay tiempo o espacio para que hagamos una pausa más o menos breve o hagamos algo a un ritmo distinto, a otra velocidad.

Saber que tiene control sobre el ritmo al que va a realizar una tarea le ayudará a liberarse de grandes dosis de la ansiedad que le hace anticipar lo doloroso que será realizarla. Sabiendo que tiene control y cierta libertad de acción sobre ella, reducirá la ansiedad que le produce pensar en hacerla, porque sabrá que tiene maneras de evitar buena parte de ese sufrimiento.

3.– Amplíe la perspectiva

En los momentos previos a empezar una tarea que le genere ansiedad, tómese unos instantes para ampliar su perspectiva y verla de una forma diferente.

Una tarea, como ya sabe, nos produce ansiedad porque anticipamos el sufrimiento a corto plazo que nos producirá realizarla. Sin embargo, si vamos a hacer esa tarea muy probablemente es porque la hemos planificado, y eso implica que, de alguna manera, hacerla supondrá un beneficio para nosotros.

Así que cuando se enfrente a una tarea ante la que suele procrastinar dé, mentalmente, un paso atrás y trate de verla con perspectiva. ¿Por qué la va a hacer? ¿Qué beneficios le reportará? ¿El sufrimiento es mayor que el beneficio? Plantearse estas y otras cuestiones similares le ayudará a recordar por qué la planificó y por qué es bueno para usted hacerla.

Ampliando la perspectiva evitará pensar solo a corto plazo, y en lugar de prever el sufrimiento que le llevará a procrastinar se centrará en prever los beneficios que obtendrá, lo que le ayudará a tener una mejor disposición para afrontarla.

4.– Aumente el control

En la medida en la que tenga más control sobre la tarea a realizar más sencillo le será dejar de procrastinar.

Puede adquirir control sobre una tarea, como ya he dicho, estableciendo su propio ritmo a la hora de realizarla, pero también puede hacerlo con la hora de inicio, la hora de finalización, el tiempo total que le va a dedicar, las pausas que realizará o si se permitirá una pequeña recompensa después de terminarla.

Todas estas variables le ayudarán a tener control sobre lo que va a hacer. Siendo consciente de que están en su mano varios aspectos de la tarea, sabrá que tiene opciones a la hora de evitar o disminuir el sufrimiento que cree que le producirá, por lo que será más difícil que se deje llevar por pensamientos negativos y que, por lo tanto, haga su aparición la ansiedad.

5.– No tiene por qué sufrir

Hemos dicho que procrastinamos porque anticipamos el sufrimiento que realizar una tarea nos va a suponer, entendiendo *sufrimiento* como incomodidad, disgusto, falta de confortabilidad o en los casos más extremos, sacrificio.

La cierto es que la mayoría de las tareas que nos llevan a procrastinar no nos van a hacer sufrir, en el sentido literal de la palabra. Nos provocarán solamente lo que acabo de decir, incomodidad, disgusto, esfuerzo… la mayor parte de las veces todos ellos más factores psicológicos que físicos.

Sin embargo, nuestra mente, cuando se deja llevar por los pensamientos negativos que nos generan ansiedad, no hace esta distinción con claridad. Cuando empezamos a caer por la espiral de la procrastinación a menudo dejamos de hacer distinciones y, debido a que nuestra parte emocional se comienza a imponer sobre la parte racional, entramos en una especie de «visión de túnel», que nos hace pensar en la incomodidad casi como un sufrimiento que no seremos capaces de soportar.

Es importante que tenga en cuenta siempre esta distinción. Puede perfectamente soportar la incomodidad o disgusto que cree que le causará una tarea, y puede soportarlas sin desgaste personal ni experimentar ningún tipo de dolor.

E incluso en el caso de que le cueste mantener esta distinción entre sufrimiento e incomodidad, tenga presente que en prácticamente ningún caso tiene por qué seguir realizando algo si le empieza a causar sufrimiento. No tiene por qué resistir hasta agotarse, cansarse o hasta que le resulte insoportable. Tener presente que puede parar cuando sienta dolor, cansancio, presión o sufrimiento le ayudará a no anticipar un sufrimiento que sabe que no tiene por qué permitir que se dé.

6.– No anticipe el resultado final

Si hacer algo nos causa sufrimiento, mientras estemos haciéndolo nuestra parte emocional tratará de tomar el control de nuestra voluntad, por lo que no pensaremos con objetividad y siempre tendremos tendencia a parar de hacer esa tarea o a aplazarla.

Tenga claro que cuando realice algo se debe centrar en lo que está haciendo en ese momento, en cada paso de los que compongan la tarea y que no debe anticipar el sufrimiento futuro que le pueda causar.

De esta manera evitará, en el caso de tareas que supongan un esfuerzo continuado en el tiempo, adelantar el trabajo que les tendrá que dedicar a medio o largo plazo. Centrándose en el presente sabrá que solo tiene que atender a lo que está haciendo en cada momento, a lo que ha planificado para cada día, y que después de ese momento tendrá tiempo para descansar y recuperar fuerzas. Una vez que haya descansado, verá con una perspectiva más amable el tiempo que le tiene que dedicar a algo.

Un ejemplo adecuado para este caso sería el de una persona que cada día siente ansiedad porque tiene que ir a trabajar y piensa que tendrá que sentirse así durante todos días de todos los años en los que trabaje. Si se deja llevar por pensamientos así, no atenderá a las tareas diarias de su trabajo. Pero si se centra en el presente, y deja esos pensamientos para cuando termine su jornada laboral, es muy posible que cada día al llegar a casa, cada fin de semana o durante sus vacaciones piense de una manera más agradable sobre las obligaciones futuras de su vida laboral, e incluso que comprenda que está adelantado algo que todavía no ha ocurrido y que son muchas las cosas, en los ámbitos personal y profesional, que pueden cambiar a medida que transcurra el tiempo.

7.– No se canse en exceso

No confunda el cansancio que siente cuando lleva un tiempo realizando una tarea con que no tiene fuerzas para continuar haciéndola. En caso de cansancio o fatiga sencillamente debe tomarse un descanso de unos minutos, y verá cómo rápidamente recupera fuerzas para continuar realizándola más tiempo del que se creía capaz.

Acostúmbrese a hacer uno o dos descansos breves al realizar una tarea. Sabiendo que puede descansar sabrá que también tiene control sobre el sufrimiento que le produce el cansancio, por lo que cuando esté a punto de procrastinar, sabrá que el argumento que da su parte emocional diciéndole que *«te cansarás»* es fácilmente rebatible con un *«pues en ese momento descansaré»*.

8.– Disfrute de tiempo de ocio

Si no dispone de tiempo de ocio es muy probable que perciba cada tarea que tiene que hacer como algo que le roba un tiempo que podría estar dedicando a hacer cosas que le gustan.

Por eso, asegúrese de que en su vida cotidiana dispone de tiempo de ocio y de que lo utiliza para hacer cosas que le gustan.

Así, cuando llegue el momento en que suele procrastinar no sentirá un impulso tan fuerte para refugiarse en una tarea placentera.

Disponiendo del suficiente tiempo de ocio, realizará las tareas placenteras en el momento adecuado, y le verá menos sentido a no hacer algo que tiene que hacer para dedicarse a algo placentero que o ya ha hecho o que sabe podrá hacer durante su tiempo de ocio.

9.– Número limitado de aplazamientos

Si lo necesita, y la tarea se lo permite, establezca un número muy limitado de veces en que podrá postergar, de forma excepcional, la tarea.

De esta manera tendrá la tranquilidad de que podrá posponer algo en caso de enfermedad, malestar personal o circunstancias imprevistas, y evitará luchas internas consigo mismo que le desgasten al hacerle sentirse culpable.

Pero tenga siempre muy presente que deben ser un número escaso y limitado de veces. Si no lo acepta así lo único que estará haciendo es justificar la procrastinación.

10.– Planifique

Para combatir el hábito de procrastinar es muy eficaz saber planificar, programando por adelantado las tareas que debemos realizar y estableciendo cuánto tiempo les dedicaremos.

Una buena planificación le ayudará a aprovechar bien su tiempo, a disponer de tiempo de ocio y a tener tiempo suficiente para hacer todas las cosas que se proponga.

Para ser eficaz, una planificación debe estar bien hecha. No es el objetivo de este libro enseñarle a planificar, y además sobre esto trataremos al hablar de cómo administrar el tiempo, pero como normas generales sí le puedo decir que una buena planificación debe cumplir los siguientes requisitos:

— Antes de hacerla debe observar cómo utiliza su tiempo normalmente. Para esto es bueno observar durante unos días qué hace, cuándo lo hace y durante cuánto tiempo lo hace.

— Toda planificación debe ser realista, en el sentido de que debe ajustarse al tiempo que tiene disponible o al que es capaz de dedicarle a algo.

— Los objetivos de cualquier planificación deben ser lo más concretos posibles, y no tratarse de generalizaciones o metas que se conseguirán a largo plazo.

En la medida en que se acostumbre a planificar y a cumplir con lo planificado, verá con claridad los beneficios de saber administrar su tiempo, dosificar el esfuerzo y repartir las obligaciones, los deberes y las necesidades.

11.– Sea flexible a la hora de empezar

Trate de que el momento para empezar a hacer algo sea flexible, es decir que no sea una hora y un minuto concretos. Así, si tiene oportunidad, podrá empezar antes de la hora fijada, evitando de esta forma que estar pendiente del transcurso del tiempo sea un elemento más que contribuya a generarle ansiedad y a empujarle por la espiral de la procrastinación.

Si empieza antes de la hora romperá el ciclo de la procrastinación, porque la hora de inicio no será una especie de espada de Damocles encima de su cabeza, que lo único que hará es aumentar su ansiedad.

12.– Vea el tiempo con perspectiva

No pierda de vista que el tiempo que querría dedicar a una tarea placentera en lugar de a la que va a realizar lo va a tener a su disposición igualmente, un poco más tarde, aunque haga la tarea que le cuesta.

Además, es más que probable que no sea necesario esperar mucho tiempo para que pueda disfrutar y que disponga de ese tiempo ese mismo día en un plazo muy breve.

El tiempo que tiene que dedicar a una tarea que le disgusta es limitado, por lo que trate de tener siempre presente cuánto tiempo en realidad tiene que dedicarle y cuánto tiempo tendrá disponible después para utilizarlo en hacer algo que le gusta. A menudo se dará cuenta de que el tiempo libre que le queda después de hacer una tarea suele ser más que suficiente para dedicarse, hasta casi aburrirse, a lo que le causa placer.

13.– No se deje abrumar por la tarea

Si se siente abrumado por la cantidad de tiempo o esfuerzo que le supondrá una determinada tarea, tenga presente que es muy probable que no tenga obligación de hacerla toda de una sola vez. Posiblemente podrá repartirla o dosificarla en varias veces, sea en el mismo día o en un período más amplio de tiempo.

Por eso, trate de no anticipar más esfuerzo del que tendrá que realizar para hacer la parte de la tarea que va a realizar en ese momento. Piense solo en el esfuerzo que tendrá que hacer para terminar lo que haya planificado para esa ocasión. Planifique a largo plazo, pero anticipe solo el esfuerzo de lo que tendrá que hacer a corto plazo.

Por ejemplo, si quiere ponerse en forma no debe anticipar el esfuerzo que le supondrá hacer deporte todos los días, sino solo el día más inmediato; si quiere escribir un libro no debe pensar en cómo desarrollará cada uno de los capítulos, sino solo centrarse en el capítulo que está escribiendo; si le cuesta ir a trabajar, no debe pensar en que tendrá que madrugar toda la semana, sino que solo debe centrarse en levantarse ese día.

14.– Actívese

Evite estar dudando sobre si hacer algo o no mientras no hace nada. No hacer nada causa que la práctica totalidad de nuestra energía física y nuestra atención esté sin utilizar, por lo que con más facilidad enfocaremos todas nuestras capacidades en los pensamientos negativos que nos provocan ansiedad.

Actívese físicamente. Piense mientras da un paseo, levántese si está sentado o acostado. Si tiene dudas sobre empezar algo, dude andando o moviéndose. De esa forma activará su organismo, repartirá su atención y evitará centrarse exclusivamente en los pensamientos negativos y en sentir ansiedad.

TERCERA ESTRATEGIA: DESARROLLAR ALGUNAS CAPACIDADES PERSONALES

> «La persona dotada de inteligencia puede, con el don del saber que posee, conseguir la capacidad necesaria para toda técnica y destreza».
> Theophilus Presbyter

A continuación vamos con la tercera de nuestras estrategias para combatir y vencer la procrastinación.

En este caso nos centraremos en una serie de indicaciones para que aprenda a desarrollar un poco más algunas de sus capacidades personales. Una vez desarrolladas le ayudarán no solo a combatir la procrastinación, sino a ser más eficaz en la forma en que afronte cualquier tipo de tarea que tenga por delante.

Cada una de las capacidades que trataremos daría por sí sola para un libro, pero no es mi intención excederme en exceso. El objetivo del libro es enseñarle a vencer la procrastinación, así que las abordaremos de la manera y con la extensión que permitan ayudarle a conseguir ese objetivo. Para eso, a partir de ahora nos centraremos en explicar y enseñarle a desarrollar:

1.- Su capacidad de automotivación.
2.- Su capacidad de la atención.
3.- Su habilidad para administrar el tiempo.

1. TRABAJAR LA AUTOMOTIVACIÓN

En una primera aproximación se podría pensar que procrastinamos cuando tenemos que hacer algo que no nos gusta, y que si lo que tenemos que hacer nos gustase no lo aplazaríamos, pero esto no es del todo correcto.

Las personas procrastinamos cuando tenemos que hacer algo que pensamos que nos causará algún tipo de sufrimiento o incomodidad, y a veces ese sufrimiento o incomodidad pueden ser parte de cosas que nos gusta hacer. Como consecuencia, si no las hacemos no haremos tampoco la parte que nos gusta.

Por ejemplo, trate de recordar las veces en que había quedado con alguien a quien le apetecía ver pero le costó vestirse y salir de casa; o cualquier ocasión en la que tenía que hacer un pequeño desplazamiento en coche o en transporte público para ir a un sitio que le gusta; o cuando tiene que levantarse de cama para hacer deporte; o cuando tuvo que ir a la compra porque le faltaban unos ingredientes para poder prepararse una comida que le apetecía... seguro que a poco que lo piense, es capaz de recordar situaciones que implican hacer primero algo que le cuesta para después hacer algo que le gusta.

De hecho, muchas veces las personas procrastinamos porque dejamos que la inactividad se apodere de nosotros, y en ese estado de inactividad es cuando empezamos a pensar en el disgusto o la incomodidad que nos supondrá activarnos y hacer algo, aun cuando sea algo que nos agrade, así que podemos perfectamente procrastinar aun en cosas que nos gusta hacer.

Una buena forma de combatir esto es aprendiendo a utilizar mejor la capacidad para automotivarse. Piense en cualquiera de las situaciones que hemos mencionado antes (o en cualquiera que se le haya ocurrido a usted) y busque si ha habido alguna vez en la que ni se planteó aplazar algo que tuviera que hacer aunque antes debiera hacer algo que le incomodaba. Si encuentra alguna situación así, verá que muy probablemente el que no se le pasara por la cabeza procrastinar se debió a que tenía la motivación adecuada.

Así por ejemplo, si practica deporte habitualmente es fácil recordar ocasiones en que salió a hacerlo con ganas porque, por la razón que fuera, se sentía motivado. Lo mismo habrá ocurrido cuando ha tenido que ir a trabajar después de recibir alguna recompensa (económica o de otro tipo) por su trabajo. O cuando ha tenido que hacer un desplazamiento largo para ver a alguien a quien tenía muchas ganas de ver.

Es decir, si tenemos la motivación adecuada lo normal es que ni pensemos en la posibilidad de procrastinar a pesar de esas barreras en forma de pequeñas acciones que no nos apetece realizar. Es cuando nos sentimos desmotivados, o no somos capaces de pensar en las razones por las que es bueno para nosotros hacer algo, cuando empezamos a abonar el terreno para que procrastinemos. Así que por lo tanto, a más motivación, menos procrastinación.

La motivación

La mayoría de las personas piensa en la motivación como algo externo a ellas, algo sobre lo que no tienen ningún control y que depende de los estados de ánimo que otras personas, situaciones o experiencias les generen.

Sin embargo, esto no es así. La motivación, al igual que la atención o la concentración, es una capacidad psicológica, un recurso personal que se puede aprender a desarrollar y a autogenerar.

Las personas podemos aprender a autogenerarnos motivación, de manera que seamos capaces de darnos el impulso necesario para sobreponernos a los pensamientos negativos que nos llevan a decidir aplazar una tarea.

Además, saber automotivarse generará en nosotros estados de ánimo positivos, que son incompatibles con los pensamientos negativos que nos llevan a procrastinar.

Para abordar adecuadamente el complejo tema de la motivación humana sería necesario extenderse para aclarar y explicar conceptos que, como he dicho antes, están fuera del objetivo de este libro. Sin embargo eso no nos impedirá enumerar una serie de reglas que le permitirán adquirir mayor conciencia sobre su capacidad para automotivarse y usarla para vencer la procrastinación.

Reglas para automotivarse

1.– No pierda de vista el objetivo. Trate de tener siempre presente cuál es el beneficio que sacará de realizar una tarea. En lugar de centrarse en la incomodidad o el sufrimiento que le causará, vaya más allá y piense en la recompensa que obtendrá al realizarla. De esta manera contribuirá a generar y mantener su motivación.

2.– Actúe. Elija siempre actuar antes que no hacer nada y estar pensando en lo que le espera o en lo que tiene que hacer. Priorice cualquier tipo de acción sobre pensamientos que no le llevan más que a plantearse dudas y sentir negatividad. Actuar y ver resultados, por pequeños que sean, motiva. Pensar sin reflexionar y sin llegar a conclusiones descentra y conduce a que prestemos excesiva atención a miedos e inseguridades personales, lo que provoca que nos desmotivemos. Así que siempre que pueda, actúe, por poco que haga, antes que dejarse llevar por la inercia de pensamientos negativos.

3.– Planifique. Acostúmbrese a planificar y cultive el hábito de cumplir lo planificado aun en las más pequeñas cosas. De esta manera se acostumbrará a cumplir también lo que ha planificado cuando se trate de tareas que le pueden hacer caer en la procrastinación. No cumplir lo que habíamos pensado hacer afecta a la imagen que tenemos de nosotros mismos, de nuestra voluntad y de nuestras capacidades, y nos desmotiva. Por el contrario, cumplir lo que habíamos previsto, nos influye positivamente, motivándonos.

4.– No se deje llevar por el miedo. El miedo no es más que una emoción, una reacción irracional provocada por el desconocimiento o la incertidumbre que nos produce una situación. Es tan irracional como la ansiedad responsable de que nuestra parte emocional tome el control de nuestra voluntad y se imponga a la parte racional, provocando que procrastinemos. El miedo desmotiva porque nos resta seguridad para actuar.

A mayor conocimiento sobre cómo se desarrollará una situación y a mayor seguridad sobre nuestros recursos para afrontarla y nuestra capacidad para soportarla, menos miedo tendremos. Por eso, cuando una situación le genere la ansiedad anticipatoria que precede a la procrastinación, recuérdese a sí mismo otras ocasiones similares en las que supo afrontar la situación y vencer las ganas de no hacer nada. Y recuérdese también que dispone de recursos personales suficientes para resistirla y afrontarla, y que casi siempre lo podrá hacer sin desgaste personal.

5.– Piense en el control que tiene. Cuando esté pensando en aplazar una tarea por el sufrimiento que le provocará, recuerde que siempre tiene más control sobre las situaciones y las tareas del que cree. Casi siempre podrá dejar de hacerlas cuando quiera, hacerlas a su manera o planificarlas para cuando quiera. Esto le ayudará a controlar su motivación, evitando desmotivarse por pensar en partes de la tarea que le causan inseguridad, como cuánto tardará en hacerla, cómo la hará, etc.

6.– No dependa de sus estados de ánimo. Otórgueles la importancia justa a sus estados de ánimo. Motivación y estado de ánimo se influyen mutuamente. A veces procrastinamos porque nos sentimos desmotivados por causa de estados de ánimo negativos, que nos hacen ver todo con negatividad y sentirnos muy bajos de energía y fuerzas.

Tenga en cuenta que los estados de ánimo, sean positivos o negativos, son siempre, sin excepción, pasajeros, transitorios. Por eso precisamente son «estados», porque pasamos de uno a otro en cuestión de tiempo. Sea cual sea su estado de ánimo antes de empezar una tarea, este se modificará una vez que empiece a realizarla (¿cuántas veces no se ha alegrado de haber empezado a hacer algo que antes de comenzar no tenía ganas?). No espere a estar muy motivado para empezar a hacer algo que había planificado. Hágalo, y la motivación aparecerá.

Por eso, relativice los estados de ánimo, no dependa de ellos ni se deje guiar en exceso por ellos. Impúlsese a empezar a hacer las cosas, con la seguridad de que cualquier estado de ánimo, por negativo que sea, pasará en cuanto empiece a actuar. Tener presente esta indicación le motivará para realizar cualquier tarea.

7.– No tema fallar o equivocarse. No permita que el miedo a equivocarse o a no lograr la perfección al hacer algo le conduzca a preferir no hacerlo. Si le da miedo cometer errores o no hacer algo todo lo bien que podría, tenga siempre en cuenta que es objetivamente inevitable equivocarse y cometer errores, y que es igual de objetivamente inevitable que las cosas no salgan perfectas debido, precisamente, a los errores. No aceptar que todos cometemos errores y que las cosas rara vez salen todo lo perfectas que podrían salir le desmotivará, y le empujará a no querer hacer algo y preferir aplazarlo. Por eso, recuerde que casi nada sale siempre como querríamos, pero que siempre podemos intentar mejorarlo más adelante. Y que corregir algo ya hecho cuesta mucho menos esfuerzo que empezar a hacerlo. Tener claro esto fortalecerá su motivación.

8.– Trate de disfrutar. En general, nos motiva lo que nos gusta hacer y nos desmotiva lo que no nos gusta hacer. Sin embargo, los gustos, las querencias, se pueden educar. ¿O no recuerda algún caso de un alimento, una actividad o una situación que no le gustaba pero que a base de hacerla acabó por gustarle? ¿Cuántas canciones no le gustan la primera vez que las escucha, pero con el paso del tiempo, a medida que las escucha una y otra vez, acaban por agradarle?

Una forma de ganar control sobre la motivación es aprender a encontrar placer en lo que hacemos. Aunque no le guste hacer algo determinado, si presta la atención adecuada seguro que encontrará partes de la tarea que le disgustan menos que otras, o incluso que le gustan. Acostúmbrese a fijarse en esas partes. Eso le llevará, en primer lugar, a que la perspectiva de realizar esa tarea le desmotive menos, con lo que tendrá menos tendencia a procrastinar. Y en segundo lugar, quién sabe, tal vez con el paso del tiempo incluso puede que le acabe gustando hacer algo que antes no le gustaba. A menudo el gusto es solo cuestión de costumbre.

2. USAR MEJOR LA ATENCIÓN

En los últimos tiempos han ido tomando fuerza dentro de la psicología algunos enfoques que enseñan a focalizar la atención como forma de conseguir ser más eficaz en la realización de cualquier tipo de tarea, mediante un mejor uso y un mayor aprovechamiento de la capacidad de atención.

La atención es una capacidad psicológica que está íntimamente ligada a la concentración. Así, a mayor atención, mayor concentración se logra y, evidentemente, a mayor concentración, menor posibilidad de distraerse, no solo con distracciones externas sino también con pensamientos negativos, como los que generan la ansiedad anticipatoria que nos lleva a procrastinar.

En relación a la procrastinación, adquirir un poco más de control sobre su capacidad de atención le será de utilidad tanto para mantener a raya los pensamientos negativos como para después, una vez iniciada la tarea, focalizar su atención en lo que está haciendo y no distraerse con otra clase de pensamientos también negativos que le puedan generar sentimientos de disgusto, incomodidad o sufrimiento que recordará la próxima vez que tenga que hacerla y contribuirán a generarle ansiedad.

La atención

La capacidad de atención humana es limitada, en el sentido que si a algo le prestamos un determinado nivel de atención, nos quedará menos cantidad de atención disponible para dedicar a otras cosas.

Pongamos, para traducirlo a cifras que harán más fácil la explicación, que el nivel mínimo de atención que puede prestar a cualquier tipo de tarea o estímulo es 0 y que el nivel máximo es 10. Bien, pues si presta a algo, lo que sea, un nivel de atención de, digamos, 6 solo le quedarán 4 niveles de atención disponibles para prestar a otra cosa.

Esta característica de la atención explica, por ejemplo, distracciones como cuando salimos de casa pensando detenidamente sobre algo o hablando con alguien, y al poco de salir a la calle no recordamos si hemos cerrado la puerta con llave. Como estábamos dedicando casi toda nuestra atención a lo que pensábamos o a la conversación que manteníamos, no nos quedaban suficientes niveles de atención disponibles para fijarnos si habíamos o no cerrado la puerta con llave. Posiblemente lo habríamos hecho (casi siempre que se vuelve a mirar, la puerta está cerrada) pero lo hicimos de manera refleja y no prestamos la atención suficiente como para que esa acción quedara grabada en nuestra memoria.

Este ejemplo nos lleva a otra característica relacionada con la atención que ya hemos mencionado anteriormente, la concentración. Cuanta más atención prestemos a algo, más nos concentraremos sobre ese algo, más pendiente estaremos de esa tarea, situación… o pensamientos. Esto contribuye a explicar por qué caemos por la espiral de la procrastinación: a medida que vamos sintiendo más ansiedad, más atención prestamos a los pensamientos que la generan y por lo tanto más nos concentramos sobre ellos, lo que hace que estos, al ser el centro de nuestra atención, a su vez nos generen más ansiedad y no nos permitan ver más opción disponible para liberarnos de la ansiedad que aplazar la tarea.

Centrar la atención

Ya que las características propias de la capacidad de atención y sus limitaciones son, por decirlo de alguna manera, en parte responsables de que acabemos procrastinando, ¿por qué no darle la vuelta a esta situación y utilizar esas mismas características y limitaciones para evitar los pensamientos que nos llevan a procrastinar?

Siguiendo la lógica descrita hasta ahora, si las características y limitaciones de la atención son las que hacen que nos concentremos en los pensamientos que nos causan ansiedad anticipatoria, alimentándola, si sabemos desviarla en el momento oportuno hacia otro tipo de distracciones, no quedará atención disponible para usarla en generar y alimentar ese tipo de pensamientos.

Así que eso es lo que le propongo que hagamos a continuación, que aprenda a centrar y dirigir su atención a voluntad para evitar procrastinar.

Para enseñarle a centrar su atención vamos a intentar algo diferente, siguiendo esa tendencia que mencionaba al principio del apartado que enseña a centrar y focalizar la atención. Podría haber escogido alguna técnica o fórmula más tradicional, pero he preferido arriesgar un poco e incorporar al libro algunas de esas corrientes que últimamente están más de moda y que tienen una gran acogida entre el gran público.

Considérelo una especie de «truco psicológico», y le ruego que lo acepte con complicidad y de forma lúdica, pero no subestime su efectividad, puesto que todas las nuevas técnicas para centrar la atención que están en auge hoy en día se basan en los mecanismos psicológicos de la atención que acabamos de ver.

Así pues, para enseñarle a centrar la atención le propondré, de forma muy concisa, una técnica basada en las conocidas como *técnicas de atención plena*.

Este tipo de técnicas mentales están hoy en día muy de moda, a pesar de que sus orígenes se remontan miles de años atrás, a la tradición oriental y al budismo. Es posible que ya tenga alguna noción sobre ellas, si ha leído u oído hablar del *mindfulness* o el *mindsight*, que son técnicas dirigidas a centrar la atención en sensaciones internas o externas, de manera que la atención se dirija voluntariamente a esas sensaciones, no quedando así atención disponible para atender a sensaciones o pensamientos negativos. De esta forma se consigue cierto estado de concentración que facilita la relajación mental y la tranquilidad anímica.

Técnica para centrar la atención

Para centrar su atención en los momentos previos a tener que empezar una tarea cuya perspectiva le pueda generar alguna ansiedad anticipatoria, busque alguna otra actividad hacia la que focalizar su atención y evitar así que se dirija, sin control por su parte, a generar el tipo de pensamientos negativos que son la causa de la ansiedad que le lleva a procrastinar.

Para eso, escoja la actividad, la acción o el estímulo que quiera: dar un pequeño paseo, hacer un movimiento (como abrir la mano lentamente), centrarse en sensaciones físicas (como por ejemplo la respiración), leer o juguetear con un objeto entre las manos, entre otros muchos estímulos posibles. Puede ser cualquier cosa, cualquier pequeña acción, aunque no tenga especial relevancia, no esté relacionada con lo que va a hacer o no le proporcione, en sí misma, ningún beneficio específico.

Una vez que haya escogido esa acción, debe empezar a dirigir, poco a poco y sin prisa, su atención hacia ella, fijando progresivamente su atención en cada uno de los detalles y pequeñas acciones de los que está compuesta esa acción.

Para poder explicar mejor cómo hacerlo, le describiré un ejemplo. En él, fijaremos la atención en la respiración, aprovechando así para dar un paso más respecto a la relajación con respiración que le expliqué en el capítulo *El ciclo de la procrastinación*. Como le he dicho, puede escoger el estímulo que desee y que le sea más fácil de utilizar para fijar su atención. La norma será la misma para cualquier estímulo: centrar progresivamente la atención en cada detalle y cada paso de la acción o estímulo elegido.

Imaginemos entonces que se acerca el momento de empezar una tarea y queremos evitar los pensamientos negativos que sabemos que vamos a tener en los minutos previos a esa tarea, y que nos generarán malestar y aumentarán la probabilidad de que procrastinemos.

Una vez que nos damos cuenta de que nos encontramos ante la primera etapa de la espiral de la procrastinación, empezamos a desviar la atención conscientemente hacia el estímulo que hemos escogido para focalizar nuestra atención. En este ejemplo, nos centraremos en la respiración:

— Cierre los ojos para evitar distracciones visuales. Comience a fijarse en su respiración. Note cómo toma aire y cómo lo expulsa lentamente. Fíjese un poco más. Hágalo sin ninguna prisa y sin ninguna presión, sin intentar apartar ningún tipo de pensamiento de la mente. No se trata de esforzarse, se trata de fijar la atención, así que no pasa nada porque aparezcan fugazmente pensamientos que no tienen nada que ver con la respiración. Si eso ocurre será solo una muestra de que aún no ha desviado todos los niveles de atención disponibles al estímulo elegido y que los que quedan se centran en otras distracciones.

— Continúe centrándose en su respiración. Ahora no solo se fije en cómo toma y expulsa aire, céntrese también en las sensaciones físicas que cada inspiración y espiración conllevan: note como entra el aire por la nariz, centrándose en la sensación de frescor; fíjese después en cómo el aire baja por las vías respiratorias hasta llegar a sus pulmones, centrándose en notar las sensaciones que siente…

— Ahora céntrese en notar las sensaciones cuando el aire llega a los pulmones, mientras el pecho y el diafragma se hinchan lentamente. Mantenga el aire en los pulmones por un instante, centrándose en cualquier sensación física que note en cualquier parte de su cuerpo.

— Expulse el aire lentamente por la boca, centrando cada vez más atención en todas las sensaciones físicas que experimenta: cómo se vacían los pulmones poco a poco, cómo se relajan los músculos de la cara, el cosquilleo que produce en los labios el aire al ser expulsado…

— Repita este ejercicio varias veces, centrando cada vez más la atención en cada paso. A medida que lo repita, sin tener que esforzarse, estará dedicando a él más niveles de atención, con lo que más concentrado estará, quedando cada vez menos niveles de atención disponibles para distraerse con pensamientos negativos.

Además, al haber usado la respiración, a la vez ha estabilizado y desacelerado su nivel de activación corporal, es decir estará más relajado. En este tiempo, habrán transcurrido los minutos que faltaban para el inicio de la tarea que había planificado, no habrá aparecido la ansiedad y casi no tendrá que esforzarse para empezar a realizarla.

Indicaciones para centrar la atención durante una tarea

Aunque utilizando un ejercicio similar a este aprenda a centrar su atención de manera que evite sentir ansiedad anticipatoria, una vez que empiece a realizar una tarea existe la posibilidad de que esté a disgusto o que le cueste y que en ese momento se genere también ansiedad.

Aunque no es el objeto del libro, puesto que ya no se trata de procrastinación, no me resisto a aprovechar para, ahora que ha adquirido algunos conocimientos para manejar más eficazmente su capacidad de atención, darle una serie de indicaciones, basadas estrictamente en el conocimiento que la psicología tiene sobre la capacidad de atención, para que también sepa centrar su atención en la tarea que está realizando y no permita que pensamientos negativos le alteren o le causen estados de ánimo negativos.

La forma más adecuada de ejecutar cualquier tarea para optimizar la atención y aumentar la concentración con la que la realizamos debe seguir estos pasos:

1.- Debe comenzar cualquier tarea con acciones que supongan una *dificultad media*. Por ejemplo, si empieza a trabajar no es aconsejable que empiece con tareas muy fáciles y que exijan de usted poca atención; en caso de que empiece a hacer deporte no debe empezar por acciones que no le supongan casi esfuerzo; o en caso de que comience una tarea intelectual (estudiar) no debe empezar por acciones que no le supongan ningún esfuerzo mental.

Siempre debe empezar, si puede, por acciones o etapas de la tarea que le supongan cierto nivel de dificultad, aunque no deben ser demasiado exigentes. En el caso de un trabajo, por ejemplo, no se debe empezar reordenando la mesa para hacer tiempo (más allá de asegurarse de que haya un cierto orden, claro) como hacen muchas personas, o charlando con algún compañero o compañera. Debe escoger acciones que requieran un nivel de atención medio. De esta manera, se obligará a centrar su atención rápidamente, cuando aún no está fatigado por lo que está haciendo. Utilizar un nivel medio de atención contribuirá a que no se distraiga o se desanime con pensamientos negativos.

2.- Una vez que haya estado durante un tiempo relativamente razonable dedicándose a tareas de dificultad media, debe pasar a *acciones de dificultad alta*. Así centrará completamente su atención en la tarea que está realizando y logrará llegar a un buen estado de concentración. No le quedará atención libre para pensamientos que le distraigan o que le hagan creer que está sufriendo de alguna manera.

Es muy posible que en esta etapa, si ha centrado su atención correctamente, experimente un nivel de concentración tal que incluso disfrute con lo que está haciendo.

3.- Cuando lleve un tiempo realizando la tarea a un alto nivel de concentración, y note el más mínimo síntoma de fatiga, tómese un *descanso*. Debe ser un descanso breve, que sirva para que desaparezcan esos primeros síntomas de fatiga mental o física, y que no debe nunca dedicar a empezar una tarea que le distraiga o que requiera su atención.

Tan solo unos minutos de descanso en esas condiciones serán suficientes para mitigar los primeros síntomas de fatiga de su capacidad de atención. En cuanto note que esos síntomas psicológicos o físicos desaparecen, vuelva a la tarea y siga con las acciones de dificultad alta que estaba realizando.

4.- Continúe en esa etapa hasta que note como la fatiga empieza a hacer mella en usted. Se dará cuenta porque comenzará a bajar el nivel de concentración y tendrá tendencia a distraerse, desviando su atención hacia otras cosas.

5.- En el momento en que note que comienza a no poder mantener focalizada la atención, tómese otro descanso. En esta ocasión, el descanso debe ser más largo que el anterior, pero sin excederse. No se permita llegar a «desconectar» del todo de lo que estaba haciendo.

6.- Aunque sienta que no va a ser capaz de volver a concentrarse como antes, vuelva a la tarea. Pero tenga tranquilidad, no va a forzarse exigiéndose más de lo que sus capacidades de atención y concentración pueden dar. En lugar de continuar con tareas de dificultad alta, cambie a *acciones lo más sencillas posible*, de manera que no continúe fatigándose.

7.- Siga con estas acciones sencillas y fáciles hasta que termine complemente la tarea o el plazo de tiempo que se ha marcado para realizarla.

8.- Una vez que termine la tarea, es aconsejable que se dedique, ahora sí, a algo que le resulte placentero o que no le suponga esfuerzo, para de esta manera ir disminuyendo el nivel de activación, físico y mental, que haya alcanzado.

Dividir cualquier tarea en este tipo de pasos le ayudará a utilizar más eficientemente su capacidad de atención, y le permitirá rendir con más eficacia, sea lo que sea lo que haga. No se agotará o fatigará innecesariamente, y terminará la tarea con una sensación de satisfacción y realización que le aportará seguridad en su capacidad y recursos para llevarla a cabo, lo que contribuirá a que deje de pensar en esa tarea como algo que le causará sufrimiento. Aprenderá a percibirla como un reto que puede afrontar con garantías, sobre el que tiene el control todo el tiempo y que no le supondrá un excesivo desgaste personal.

El tiempo total que debe dedicar a este proceso para sacarle el máximo partido a sus capacidades de atención y concentración dependerá de sus características personales y del tiempo que pueda o quiera dedicar a la tarea que va a realizar. Usted mejor que nadie, en cuanto empiece a seguir estos pasos, aprenderá a dosificarse y a dedicar el tiempo adecuado a cualquier cosa que haga.

A menudo todos escuchamos afirmaciones como que *«las personas no utilizamos todo nuestro potencial mental»*, *«solo usamos una mínima parte de nuestras capacidades psicológicas»*, etc. Más allá de la rigurosidad de estas afirmaciones, las que hemos visto aquí son formas reales y efectivas de controlar y dirigir a voluntad la capacidad psicológica de atención, aumentando así la concentración y evitando distracciones, tanto externas como internas.

Sabiendo manejar su capacidad de atención dejará de estar a expensas de que sean otros factores, como los estímulos externos o sus propios pensamientos, los que dirijan su atención hacia «lugares» que no le convienen.

3. ADMINISTRAR EL TIEMPO

La procrastinación aparecerá con más facilidad cuanto menor sea nuestra habilidad para administrar el tiempo de una manera eficaz.

Si una persona no administra bien su tiempo, si no sabe priorizar los diferentes tipos de tareas que tiene que realizar habitualmente (ocio incluido) y si no ha desarrollado el hábito de organizarlas, más fácilmente tenderá a anticipar sufrimiento cuando se encuentre ante la posibilidad de empezar algo que le cuesta, porque no será consciente de que esa tarea es solo una más dentro de su organización general del tiempo. También con más facilidad los acuerdos del tipo *«lo hago mañana»* servirán para calmar su ansiedad y evitar sentimientos de culpa, porque no será plenamente consciente de que puede que «mañana» no disponga del tiempo adecuado para hacer lo que hoy está posponiendo.

Es probable que algunas personas sientan rechazo a la hora de pensar en administrar su tiempo. Hay que reconocer que la expresión parece hacer referencia a un exceso de celo por ordenar y organizar, y da la sensación de que dota de demasiada frialdad, de una artificialidad y sobriedad propia casi de cadena de montaje, a algo a lo que cualquiera de nosotros concede el máximo valor y percibe desde una perspectiva completamente emocional: el tiempo de nuestra vida.

Estando de acuerdo con quien sienta de esa manera, hay que decir, sin embargo, que en realidad todos (y creo que se puede afirmar que todos sin excepción), administramos, de una u otra forma, nuestro tiempo.

Todos hacemos planes mentales sobre cuándo empezaremos algo y cuánto tiempo le dedicaremos. Todos nos marcamos plazos, sean diarios o sean vitales, en los que debemos hacer o conseguir cosas, y todos pensamos, de una o de otra manera, en la mejor forma posible de utilizar nuestro tiempo.

A pesar de que este tipo de planificaciones son comunes a la práctica totalidad de todos nosotros, no es tan frecuente el número de personas que utiliza a menudo agendas y calendarios para planificar y repartir las tareas que tiene que hacer a corto o medio plazo. Y mucho menos frecuentes son las personas que utilizan herramientas como los registros de tiempo o las tablas de distribución de tareas.

Es por este motivo que en este apartado no vamos a hablar de agendas, registros o tablas, pero sí lo haremos de distribuir el tiempo. Primero veremos, muy brevemente, tres normas básicas que se deben seguir a la hora de establecer cualquier planificación y después veremos cómo poner fin a las dudas que a veces son la causa de que acabemos procrastinando.

Normas básicas para administrar el tiempo

Administrar el tiempo supone básicamente:

— Establecer prioridades según lo importante que sea cada tarea y según el tiempo que dispongamos para ella.
— Planificar cuándo y durante cuánto tiempo haremos algo.
— No perder tiempo en tareas inútiles o en dudas (procrastinar).

Hay tres normas básicas que nos ayudarán a ser más eficaces en la planificación y distribución del tiempo:

1.- **Planificar.** Cuanto más planifiquemos, más eficaces seremos en el uso de nuestro tiempo. Si bien no hace falta llegar al punto de depender en exceso de agendas y registros, sí ayudará hacer por lo menos una planificación mental clara de lo que vamos a hacer a corto y medio plazo, estableciendo cuándo empezaremos y durante cuánto tiempo haremos cada tarea.

2.- **Marcarse objetivos realistas.** Cuando planeamos, debemos marcarnos metas y objetivos pequeños que podamos conseguir con facilidad, sin un exceso de esfuerzo. De esa manera, cuando nos encontremos ante la posibilidad de empezar a hacer cualquier tarea, sabremos que no tenemos que sufrir haciéndola.

3.- **Priorizar.** Para administrar bien el tiempo debemos establecer prioridades, en función de lo importante y necesaria que sea cada tarea y teniendo también muy en cuenta el tiempo del que dispongamos para cada una de ellas.

Gestionar las dudas

A veces, ante la perspectiva de hacer algo, tenemos dudas. Estas dudas son siempre las responsables de que empecemos a pensar en lo que tenemos que hacer y en lo que nos costará hacerlo.

Las dudas, al menos cuando comienzan a aparecer, no tienen por qué ser como los pensamientos negativos que nos generan ansiedad anticipatoria, pero son sus precursores, porque nos hacen empezar a centrar nuestra atención en lo que pensamos y por lo tanto son quienes nos van llevando hasta el principio de la espiral de la procrastinación, por la que acabaremos cayendo irremediablemente una vez que surjan primero los pensamientos negativos y después la ansiedad.

Estas dudas pueden ser acerca de:

— Aceptar o rechazar una propuesta que interfiere con lo que habíamos planeado hacer. Esta propuesta puede venir de otra persona, de una situación nueva o de nosotros mismos.

— Acerca de nuestra capacidad para hacer algo. Al no estar seguros de sí sabremos hacer lo que tenemos por delante, empezamos a dudar.

— Sobre qué sacaremos a cambio de hacer una tarea. Dudamos porque no estamos muy seguros de lo que vamos a conseguir haciendo algo y de si realmente vale la pena el esfuerzo.

Dudas como estas, o de otro tipo, frecuentemente nos hacen perder tiempo, actúan como freno de una decisión que ya habíamos tomado y nos llevan hasta el inicio del ciclo de la procrastinación, en el que nos adentraremos a medida que permitamos que sigan dando vueltas en nuestra mente.

Por eso, cuando se le planteen dudas similares a la hora de hacer algo, siga estas normas:

— **Diga que no.** Aprenda a decir no ante propuestas o nuevos planes que interfieran con algo que ya había planificado hacer y que surgen después de haberlo planificado. Y si son ideas suyas, tenga en cuenta que posiblemente sean solo una especie de autosabotaje o excusas que se pone para no empezar a hacer lo que tenía pensado. Después tendrá tiempo para esos planes.

— **No se preocupe por la perfección.** Simplemente haga las cosas y después, si quiere, trate de mejorarlas o corregirlas. Hay que hacer mucho más esfuerzo para empezar a hacer algo que para corregir algo que ya está hecho, así que lo primero es empezar. Más adelante tendrá tiempo de sobra para mejorar cualquier cosa que haga, así que no permita que dudas de ese tipo le hagan perder tiempo y dominen sus pensamientos.

— **Ponga freno a las distracciones camufladas.** A veces, cuando tenemos que hacer algo que nos cuesta, preferimos ponernos con algo que nos suponga menos esfuerzo, diciéndonos que eso también es importante, cuando en realidad no lo es tanto. Es decir, nosotros mismos buscamos tareas alternativas que sirvan como excusas para retrasar lo que íbamos a hacer. Aprenda a reconocer cuando hace algo por este motivo, y no le dedique más tiempo del necesario, porque si lo hace estará perdiendo tiempo al retrasar innecesariamente otra cosa que tiene más prioridad.

— **Tome decisiones.** Acostúmbrese a tomar decisiones y no se permita estar dudando sobre si hacer algo o no. Ante las dudas iniciales de si debe hacer algo, márquese un plazo para tomar una decisión y si al terminar ese plazo no se ha decidido, no lo haga. De esta manera no se empujará a sí mismo por la espiral de la procrastinación. Nunca tenga miedo de tomar decisiones, más bien al contrario, tema no tomarlas, porque no decidir lleva a la procrastinación y por lo tanto a la inacción.

Saber administrar un poco mejor su tiempo le ayudará a luchar contra la procrastinación. Y si a base de seguir las normas que hemos visto en este apartado estas se llegan a convertir en hábitos a la hora de planificar y actuar, habrá aprendido algo muy difícil. Habrá aprendido a ganar tiempo al tiempo.

UNA NUEVA FORMA DE AFRONTAR LAS TAREAS: LA CULTURA DEL ESFUERZO

«Nuestra vida vale lo que nos ha costado en esfuerzo».
François Mauriac

Todos somos hijos de nuestro tiempo, en el sentido de que nuestra forma de ver la vida y el mundo está fuertemente influida por los valores dominantes de la sociedad en la que vivimos.

Nadie puede negar que actualmente (finales del siglo XX y principios del XXI) vivimos, o al menos el mundo occidental vive, en la cultura del ocio. Así lo demuestra el que la industria del ocio sea un negocio que mueve ingentes cantidades de dinero y que cuenta con millones de consumidores.

El ocio engloba actividades deportivas, recreativas, turísticas... incluso la cultura ha de ser amena para poder llegar a la gente; si no lo es, no es aceptada por la mayoría social. Como resultado de esta influencia, el ocio se ha priorizado y comercializado, y las personas valoramos mucho nuestro tiempo de ocio, hasta el punto de que lo preferimos antes que cualquier tipo de tarea que nos suponga esfuerzo o incomodidad.

No se asuste, no tengo ninguna intención de ponerme moralista. Por supuesto que es incontestable que, tanto ahora como lo fue en el pasado y lo será en el futuro, el tiempo de ocio es necesario para tener una personalidad equilibrada y como forma de descanso de la actividad diaria de cualquier persona.

Pero, aunque vivamos en sociedades volcadas al ocio, no hay que olvidar que esta concepción de la vida es una tendencia producto de una moda, y por lo tanto producto de un interés social o comercial que enfatiza un aspecto necesario de la vida humana, poniendo la lupa sobre él y maximizando su importancia, hasta el punto de que la sociedad al completo lo acepta como un valor dominante (para entender mejor esta perspectiva basta que piense en una sociedad diferente a la occidental, en donde haya otros valores dominantes porque se ha centrado la atención en ellos).

El efecto de que a nivel social se agrande la importancia real de un impulso, una tendencia o una necesidad humana no debe impedirnos ver que aunque sea importante, no es *tan* importante. Además de esas necesidades, hay otras que aunque no tengan tanta relevancia social en nuestra época, son también necesarias para el desarrollo humano individual, es decir, para que cualquier persona se sienta realizada.

Vivir inmersos en la cultura del ocio contribuye a reforzar la procrastinación. Procrastinamos porque aplazamos algo que creemos que nos causará esfuerzo (no bien visto socialmente) y nos dedicamos a algo que nos causará placer (bien visto socialmente), así que todos, como hijos de nuestro tiempo que somos, estamos influidos por esos valores que, sin que nos demos cuenta, «flotan en el aire» y nos impregnan.

Sin embargo, hay otras necesidades humanas, en el sentido de que satisfacerlas contribuye a que nos desarrollemos más como personas, de las que no se habla tan a menudo y que normalmente no forman parte de los valores sociales dominantes, por lo que nos cuesta más aceptarlas, entenderlas y darles salida, aunque también estén dentro de nosotros. Esto pasa con el esfuerzo.

Las personas necesitamos conseguir metas en nuestras vidas para sentirnos realizadas. «Realizarse» es sentir que hemos desarrollado nuestra personalidad, nuestras potencialidades y capacidades hasta el punto de que hayamos conseguido metas u objetivos que nos produzcan satisfacción.

Aunque, debido a que vivimos inmersos en una cultura del ocio le cueste reconocerlo, vivir una vida dedicada al ocio no le hará sentirse realizado. Para realizarse necesitará conseguir, o al menos intentar conseguir, una serie de logros vitales que respondan a lo que quiere hacer, a lo que sabe hacer, a lo que realmente quiere tener o a lo que quiere expresar.

Es por todo esto que en nuestros días y nuestras sociedades la palabra *esfuerzo*, y la propia idea que encierra, no tienen ni mucho menos tanta aceptación social como el ocio, pasárselo bien o disfrutar. Da la sensación de que hoy en día hay que disfrutar de todo, sino no se vive: cualquier tiempo haciendo algo que cause esfuerzo, que reste placer, se ve como tiempo perdido y se piensa que no es posible disfrutar así.

La idea dominante es que hay que disfrutar, que se disfruta con el placer y que, por lo tanto, si se puede elegir, lo inteligente es escoger siempre el placer antes que el esfuerzo, que al fin y al cabo solo nos va a causar sufrimiento. Como consecuencia, tendemos a procrastinar. Como le dije, todos somos hijos de nuestros tiempo.

Pero la realidad de la psicología humana es que una persona puede perfectamente encontrar placer en el esfuerzo. Esforzarse centra nuestra atención, porque orientamos nuestras capacidades y destrezas a hacer algo concreto, ordena nuestra conciencia, que si no estaría en desorden preocupándose por todo (por eso las personas huyen del aburrimiento, porque les hace pensar en cosas que les preocupan), canaliza nuestras energías y da salida a nuestras capacidades. Esforzarse en la medida adecuada no produce sufrimiento, sino todo lo contrario, aporta equilibrio.

Si viviéramos en una sociedad orientada al logro de objetivos, encontraríamos en el esfuerzo el mismo placer que hoy buscamos en el ocio. Pero aun dentro de nuestras ociosas sociedades hay personas que se acaban dando cuenta de esto: por eso hay trabajadores incansables, que dedican incontables horas a hacer lo que les gusta; por eso algunas personas abandonan trabajos que les daban seguridad económica por otros que son inciertos pero que son lo que siempre han querido hacer; por eso hay gente que dedica su vida a una causa; por eso a veces nos encontramos con personas que se sienten incómodas o se aburren en lugares a los que se acude masivamente a pasárselo bien…

Se puede encontrar placer y disfrute en el esfuerzo, no se engañe. Entender esto le ayudará a salirse de la corriente social que le orienta a hacer todo lo posible para conseguir ocio y contribuirá a que empiece a aceptar que realizar tareas, trabajar en cosas (no solo en el sentido laboral, sino también en el sentido de intentar conseguir logros personales, sean cuales sean) aporta placer y satisfacción.

Aceptando esto eliminará la actitud de fondo que subyace en la procrastinación, que ha asimilado casi sin darse cuenta, y que le hace aceptar que cualquier esfuerzo es doloroso y que todo placer es positivo, sin importar ni su cantidad ni su calidad. Por eso se autogenera ansiedad al pensar en hacer ciertas cosas y por eso prefiere aplazarlas.

Una vez aceptada esta realidad, comenzará a atisbar otra forma de entender el esfuerzo. Bajo la todopoderosa corriente dominante del ocio verá que hay otra corriente, a la que menos personas se suben pero que les ayuda a encontrar bienestar y satisfacción de una forma distinta a como lo hace el ocio. Comprobará que hay una corriente alternativa a la cultura del ocio. Es la corriente de la cultura del esfuerzo.

Empezar a compartir esta cultura contribuirá a que sea menos tendente a la procrastinación. Se dará cuenta de que hay placer en el esfuerzo, satisfacción en cumplir lo planificado, realización en avanzar, en lograr, en poder, en cumplir, en haber sido capaz... Comenzará a tener una perspectiva real y una opinión realista sobre trabajar, esforzarse, planificar y cumplir con lo planificado. Encontrará que existe gratificación en superarse, en alcanzar logros y en conseguir metas. Entenderá lo que supone realizarse personalmente.

Tal es así, que si acepta esta concepción del esfuerzo no será nada extraño que más de una vez se encuentre a usted mismo haciendo todo lo contrario a procrastinar: aplazando una tarea placentera para dedicarse a otra que le supone esfuerzo.

Claro que esa corriente también esconde peligros (adicción al trabajo, obsesión por la perfección, pérdida de capacidad de disfrute, desatención de otras necesidades vitales), de la misma manera que también los tiene la cultura del ocio (superficialidad, hedonismo, individualismo), pero que los haya no tiene que significar necesariamente que deba caer en ellos.

Además, hay uno que no hay: la procrastinación. Y al fin y al cabo de eso trataba este libro, de enseñarle a vencerla. Esos otros peligros asociados a la cultura del esfuerzo deben ser materia de otros libros, así que, quién sabe, tal vez nos volvamos a encontrar, usted y yo, cuando lea alguno de ellos.

NOTAS DEL AUTOR

«Más vale una palabra a tiempo que cien a
destiempo».
Miguel de Cervantes

Preocupación personal

En ocasiones, al leer algunos libros de psicología práctica tengo la sensación de que «empujan» a las personas en una determinada dirección. Sin duda, esa dirección es positiva, ya que buscan ayudar a las personas a que se desarrollen más o a que superen problemas y dificultades vitales. Pero aun siendo consciente de que esta es una percepción muy personal, y posiblemente algo retorcida, a menudo me cuesta librarme de ella y de la sensación que la acompaña de que algunas veces se está diciendo a las personas cómo deben vivir su vida.

Esta es una cuestión que, sinceramente, cuando escribo me preocupa mucho, porque si hay algo que valoro por encima de todo es que cada persona tome libremente sus propias decisiones. Supongo que es este exceso de celo, junto con otras cosas, lo que hace que algunas de las personas que me conocen me achaquen con frecuencia un exceso de sensibilidad interpersonal, pero (y esta es también una etiqueta que quienes dicen conocerme me cuelgan con frecuencia) mi testarudez me impide ver esto como un defecto. En cualquier caso, es por este motivo que no quería terminar el libro sin dedicar unas últimas palabras a esta cuestión.

Está bien no hacer nada a veces. Creo que incluso hasta es sano. Sin embargo, considero que ya no está tan bien no hacer nada como norma cuando está en nuestras manos conseguir algo que deseamos o que constituye un deber o una responsabilidad a la que debemos hacer frente.

Mi intención al explicarle la procrastinación y todo lo que la rodea no es empujarle en una dirección, decirle cómo debe actuar, dictarle cómo deber ser o comportarse o restarle alternativas a la hora en que tenga que decidir cómo debe actuar, sino todo lo contrario. Pretendo darle más opciones para que elija cómo actuar cuando sienta el deseo de aplazar algo que debe hacer y que tiene algún beneficio para usted. Y a la vez también busco contribuir a que adquiera un mayor autoconocimiento de sí mismo y de las variables que determinan sus pensamientos y sus conductas.

Una vez conseguido esto, viene lo que usted ya sabe, y que me tomo la licencia de recordarle: que llegado el caso es usted quién decide cómo actuar.

Espero que lo leído en este libro le ayude, cuando esté ante situaciones en las que pensar en empezar una determinada tarea le produzca ansiedad, a escoger libremente la alternativa que le sirva para adquirir mayor control sobre sus decisiones y para utilizar su tiempo de la manera que más bienestar, satisfacción y realización personal le aporte.

Parte racional y parte emocional

Cuando se intenta divulgar cualquier conocimiento a menudo se recurre a metáforas, símiles o explicaciones simplificadas. Durante este libro me he permitido tomarme esta licencia para explicar la espiral de la procrastinación, cuando hago una distinción entre la «parte racional» y la «parte emocional» de una persona, para mostrar de la forma más ilustrativa posible cómo se producen las argumentaciones internas que hacen que una persona acabe procrastinando.

Por supuesto, hay mucho más detrás de esa explicación. Como sin duda ya sabe, desde hace unas décadas se acepta de forma generalizada que hay una parte del cerebro, más primitiva, que se encarga de las emociones y otra parte, más evolucionada, que se ocupa de los razonamientos más elaborados y conscientes.

No he querido profundizar en esa explicación, y he considerado que establecer esta distinción simplificada entre «parte racional» y «parte emocional», aun siendo poco elaborada, servía perfectamente para el propósito de explicar cómo funciona el ciclo de la procrastinación.

Brevedad

Desde que comencé la investigación para escribir el libro, he tenido siempre la pretensión de que fuera breve. Buscaba que fuera útil y tuviera un carácter eminentemente práctico, de manera que sirviera para transmitir a los lectores las explicaciones necesarias para que entiendan qué es y cómo funciona la procrastinación, para después enseñarles a vencerla, pero no quería que fuera un libro largo.

Esta intención se ha debido a una simple y evidente razón: podría haber escrito muchas páginas, extendiéndome más en cada capítulo profundizando en matices y recurriendo a ejemplos, pero hacer esto entrañaba el riesgo de que algunos lectores, ante la posibilidad de tener que leer un libro de muchas páginas para aprender a no procrastinar... acabaran procrastinando, y por lo tanto aplazaran continuamente el momento de empezar o continuar con la lectura.

Estará de acuerdo conmigo en que si eso ocurriera resultaría, como mínimo, paradójico, y evidenciaría, por mi parte, una gran falta de sensibilidad y desconocimiento del tema. ¡Propiciar que las personas procrastinen a la hora de leer un libro sobre procrastinación!

BIBLIOGRAFÍA Y RECURSOS

«No es posible vivir sin libros».
Thomas Jefferson

Calza González, R. (2013). *Mejorar el rendimiento en el estudio con el programa PREPARA.* Madrid: Ediciones Pirámide.

Calza González, R. (2014). *Claves para la motivación personal: Cómo automotivarse para conseguir lo que desea.* Luxemburgo: Amazon KDP.

Carlson, N. R. (1996). *Fundamentos de psicología fisiológica.* México: Prentice Hall Hispanoamericana.

Cautela, J. R. y Groden, J. (2002). *Técnicas de relajación para adultos, niños y educación especial.* Barcelona: Ediciones Martínez Roca.

Csikszentmihalyi, M. (2011). *Fluir (Flow). Una psicología de la felicidad.* Barcelona: Kairós.

Fiore, N. A. (2011). *Hazlo ahora: supera la procrastinación y saca provecho de tu tiempo.* Barcelona: Alienta.

Goleman, D. (1997). *Inteligencia emocional.* Barcelona: Kairós.

Goleman, D. (2013). *Focus. The Hidden Driver of Excellence.* New York: HarperCollins Publishers.

Kabat-Zinn, J. (2009). *Mindfulness en la vida cotidiana: cómo descubrir las claves de la atención plena.* Barcelona: Paidós.

Labrador Encinas, F. J. (coordinador). (2008). *Técnicas de modificación de conducta.* Madrid: Pirámide.

Noves Idees per a la Xarxa, S.L. (2009). *Proverbia.net*. Valencia: Novixar. Página web http://www.proverbia.net

Real Academia Española (2014). *Diccionario de la lengua española (22ª ed.)*. Consultado en http://www.rae.es

Siegel, D. J. (2010). *Mindsight. The New Science of Personal Transformation*. New York: Bantam Books.

SOBRE MÍ

«Para escribir solo hay que tener algo que decir».
Camilo José Cela

Nací en A Coruña (España) en 1973 y soy licenciado en Psicología por la Universidad de Santiago de Compostela.

Empecé desarrollando mi labor profesional como psicólogo ejerciendo desde la iniciativa privada, y poniendo en marcha un programa de deshabituación de conductas adictivas. Más tarde trabajé como orientador en un proyecto de inserción laboral destinado a jóvenes, colectivos desfavorecidos y personas en riesgo de exclusión social. En los últimos años he impartido actividades de formación tanto en el sector privado como en colaboración con la Universidad de A Coruña, combinándolas con una labor profesional en la empresa privada, y me he dedicado a escribir libros de psicología práctica.

Soy miembro de la Asociación Colegial de Escritores de España y formo parte de la Author Central de Amazon.com para escritores independientes.

Para saber más sobre mí y sobre mi trabajo, visite mi página web: http://www.ricardocalza.es

Puede enviarme sus sugerencias o comentarios a la dirección de correo electrónico ricardocalza@hotmail.es

ERRATAS

A menudo le hablo a un amigo de mi preocupación (casi una obsesión) por no cometer errores al escribir un libro. Él siempre me relata una anécdota, supongo que inventada, de una editorial que pretendió publicar un libro que no contuviera ninguna errata. El título era, según mi amigo, *El primer libro sin arratas*, lo que demuestra lo difícil que es lograr que en un libro no haya ni un solo fallo.

En caso de que a lo largo del libro haya encontrado algún error o *«arrata»*, por favor, no deje de indicármelo enviándome un correo electrónico.